Salzburg, 21. September 2015

Für Albert Schober,

den besten Berater über viele
Jahre hin, für alles, was
Bankgeschäfte und Freund-
lichkeit betrifft,

herzlich

DIE BERGE. DER HOF. DAS BLEIBEN.

Buton Steinwender

DIE BERGE.
DER HOF.
DAS BLEIBEN.

Farbbilder von Andrea Eidenhammer
Schwarz-Weiß-Bilder von Kurt Kaindl

Geschichten von Barbara Frischmuth · Karl-Markus Gauß · Peter Gruber
Ludwig Hartinger · Bodo Hell · Thomas Lehr · Ingrid Loitfellner-Moser
Walter Müller · Katja Oskamp · Brita Steinwendtner

Herausgegeben von Brita Steinwendtner

INHALT

Brita Steinwendtner *Das Land. Die Menschen. Die Arbeit* 6

Ludwig Hartinger *rauris* 11

Bilder 1 Kurt Kaindl 12

Karl-Markus Gauß *Heimat* 26

Bilder 2 Andrea Eidenhammer 30

Peter Gruber *Im Schatten des schwarzen Holunders* 38

Bilder 3 Andrea Eidenhammer 42

Walter Müller *Von der Drecksarbeit und von der Würde* 50

Brita Steinwendtner *Vom Heustadl nach Atlantis* 53

Bilder 4 Andrea Eidenhammer 56

Barbara Frischmuth *Rauris, eine Stimmung* 64

Katja Oskamp *Die Rauriser Bücherzwerge* 65

Bilder 5 Kurt Kaindl 68

Thomas Lehr *Das steinerne Glück* 82

Brita Steinwendtner *Zwischen Erde und Himmel* 86

Bilder 6 Andrea Eidenhammer 90

Bodo Hell *Morgenmelken auf der Alm* 104

Bilder 7 Andrea Eidenhammer 110

Ingrid Loitfellner-Moser *In dunkles Tuch gewoben* 122

Bilder 8 Andrea Eidenhammer 128

Anmerkungen zu den Bildern 140

Kurzbiografien 142

DAS LAND. DIE MENSCHEN. DIE ARBEIT.

Brita Steinwendtner

Das Land und die Heimat. Berg und Tal, Land und Leute. Ackerland, Weideland, „Hoamatland". Landbesitz, Landbevölkerung, Landflucht. Landregen. Was ist das Land? Und was ist die Heimat? Kriege wurden um beide geführt, Katastrophen ereignen sich, wenn sie verloren gehen. Vieldeutig als Begriff, kann Heimat ein Ort, ein Zimmer oder ein Weg sein, der Duft eines frischen Brotlaibes, eine Melodie, ein Buch, die Wärme einer Hand. Jeder, jede hat eine andere Heimat, manche sogar viele, manche keine. Wird sie einem in die Wiege gelegt, kann man sie sich erschaffen und was muss man tun, um sie zu erhalten?

Die Berge. Liegt das Land in den Bergen, kommen neue Bilder hinzu: steile Hänge, tiefe Wälder, Felsen, Geröllhalden, Bäche, bizarre Gipfel. Himmelsausschnitt, enger Horizont. Wiesen und Weiden der Täler, Höfe in die Landschaft gestreut. Säen, wachsen, ernten. Schnee.

Die Bauern. Seit Jahrhunderten bestellen sie den Boden. Leben von und mit Kühen, Pferden, Schweinen, Schafen, Ziegen und Hühnern, von der Holzwirtschaft, zunehmend vom Tourismus. Wie sieht ihr Alltag aus? Hat sich ihr Leben grundlegend geändert? Ist das von ihnen kultivierte Land Sehnsuchtsort für den Städter?

Die Arbeit. Sie ist hart. Die Hänge sind steil, Maschinen oft nicht einzusetzen, die Konkurrenz im Europäischen Raum ist groß, der Umgang mit Computern muss gelernt und Sprachen müssen erworben werden. Haben die Menschen neue Strategien des Überlebens gefunden? Wie ist das Verhältnis von Überkommenem und Neuem?

Um Fragen wie diese geht es im vorliegenden Buch. Es bleibt beim Konkreten, bei *einem* Stück Land, das jedoch Symbol für viele Landschaften und für eine bestimmteArt zu leben sein könnte: auf Bergbauernhöfen, abseits der großen

Verkehrswege, im umgrenzten Gebiet. Das gibt es immer noch. Als Beispiel für den Foto-Teil haben wir das *Raurisertal* ausgewählt. Und dies mit Bedacht und gutem Grund:

Rauris ist uraltes Siedlungsgebiet. Es liegt in den Hohen Tauern des Salzburger Landes, ist zwar von Gebirgszügen mit über 3.000 Metern eingeschlossen, so dass alle Straßen in Sackgassen münden, war jedoch durch wirtschaftlichen und ideellen Austausch immer ein besonderer Ort, ein offenes Tal. Kelten und Römer – um nur einige Stichworte zu nennen – sind hier durchgezogen, reiche Gold- und Silberfunde brachten Reichtum, auf beschwerlichen Gebirgspfaden wurden Säumerwaren vom Mittelmeer bis an die Nord- und Ostsee getragen. Auf dem Hohen Sonnblick ließ ein Rauriser, der Bergwerksherr und Pionier Ignaz Rojacher, 1886 das erste Wetterobservatorium Europas errichten und 1971 gründeten die aus Bayern zugewanderte Rauriserin Dorothea Granegger und der Salzburger Autor Erwin Gimmelsberger, der das Tal zu seinem Lieblings-Urlaubsort erkoren hatte, die Rauriser Literaturtage. Ihre Ausstrahlung reicht nicht nur in die Lesegewohnheiten der Einheimischen, sondern über Österreichs Grenzen hinaus.

Was blieb im Wandel der Zeit? Die Bergbauernhöfe des Tales. Sie sind das Beständige. Bürgen für das, was zum Lieblingswort von Politik und Zukunftsforschung geworden ist: Nachhaltigkeit. Das Bleibende ist die Landwirtschaft mit Wiesen, Wald und Vieh. Die Methoden, Werkzeuge und Maschinen haben sich geändert, aber es muss immer noch gemolken, gemistet und gemäht werden, immer noch muss Wald geschlagen, Holz verarbeitet und müssen die Almen gepflegt werden. Fremdenverkehr und digitale Veränderungen bringen heute weltoffene Gedanken. Dennoch sind viele Traditionen in Arbeit, Lebenseinstellung und Gläubigkeit lebendig geblieben und werden nicht allein aus der Notwendigkeit heraus, sondern mit Freude und Hartnäckigkeit weitergeführt. Denn was einmal verloren geht, ist verloren für die Generationen, die kommen.

In seinen scharfen Konturen ist der Gegensatz von Stadt und Land längst verschliffen, in vielen Bereichen sind sie Mischformen der Existenz geworden. Viele Höfe können nicht mehr im Vollerwerb geführt werden, was einen zweiten Beruf notwendig macht. Vor allem Männer müssen vielfach zu Pendlern werden, sie arbeiten innerhalb und oft genug außerhalb des Dorfes zum Beispiel in Handwerks-, Maschinen- und Transportbetrieben, bei den Seilbahnen, suchen Zusatzverdienst als Wetterwart im Observatorium, als Nationalparkführer, betreiben ein Sägewerk, stellen Lärchenschindeln her, brennen Schnaps. Bäuerinnen sind zeitweise im Gastgewerbe und in Sozial- und Lehrberufen tätig oder suchen mit Handarbeiten und der Herstellung von Naturprodukten zu ergänzendem Einkommen beizutragen. Die Abwanderung der Jungen, die ein Studium wählen oder im urbanen Raum bessere Ausbildungs- und Verdienstmöglichkeiten finden, bleibt eines der großen Probleme.

Der vorliegende Band versucht, in Bild und Wort Antworten darauf zu geben, ob und dass auch heute noch zwischen Gebundenheit und den Weltbildern der Moderne ein Leben zu führen ist, das sich lohnt. Ein Buch, das sich in unterschiedlicher, mitunter sogar gegensätzlicher Weise der Thematik stellt: in eindrucksvoller Fotografie und in kurzen Texten, die mit vielen Möglichkeiten und Motiven spielen.

Am fotografischen Teil haben zwei Bildgestalter gearbeitet:

Kurt Kaindl, bekannter Fotokünstler, mitverantwortlicher Leiter der „Galerie Fotohof Salzburg", fotografischer Begleiter vieler Essaybände von Karl-Markus Gauß, Herausgeber zahlreicher Fotobücher und versierter Gestalter vieler Ausstellungen, zeigt jene Schwarz-Weiß-Fotografien, die während der Rauriser Malertage 1982/83 entstanden sind. Sie muten mitunter archaisch an und sind dennoch aktuell geblieben. Die Momentaufnahme gibt dem Vergänglichen Dauer und bewahrt es vor dem Vergessenwerden.

Andrea Eidenhammer, eine junge Rauriserin, die derzeit in Spanien als Foto-, Film- und Videokünstlerin Karriere macht und als Ausstellungs-Kuratorin arbeitet, stellt eine Auswahl ihrer Farbfotografien aus der Gegenwart vor. Sie spürt dem wechselnden Licht in Haus und Landschaft nach und wirft einen dokumentarisch-distanzierten und zugleich liebevollen Blick auf jenes Ambiente, in dem sie aufwuchs. In der Auswahl der Höfe hat sie sich vor allem auf solche Anwesen konzentriert, die seit Jahrzehnten, mitunter sogar seit Jahrhunderten, im Besitz einer Familie sind und die unabhängig von politischer Vereinnahmung durch die jüngere Generation weitergeführt werden.

Die Wahrhaftigkeit, die sich in den Fotografien beider Künstler findet, ist bis ins Detail spürbar. Gegerbte Gesichter, in denen die Plage und Sorge vieler Jahre steht, Augen, die viel gesehen und erlitten haben, aber auch Menschen, die Optimismus, Stolz und Lebensfreude ausstrahlen. Die Bilder erzählen das Schweigen mit, das sich in dem einen oder anderen Hof eingenistet hat. Über den Bildern liegt sowohl die Melancholie des Abschieds als auch die Zuversicht des Weiter-Lebens. Der Betrachter sieht eine Welt, die von wirtschaftlicher und kultureller Bedeutung für unser gesellschaftliches Gefüge geblieben und die dennoch wandlungsfähig genug ist, den Veränderungen der jeweiligen Zeitströmungen zu trotzen. Lebhaft dokumentieren die frühen und die kürzlich entstandenen Bildfolgen, wie Menschen mit Beharrlichkeit, Fleiß, Phantasie und Witz selbst einem harten Leben immer neuen Sinn abgewinnen.

Am Ende des Bandes geben Andrea Eidenhammer und Kurt Kaindl Auskunft über Motivation und Blickwinkel ihrer Fotografien.

Dominik Mayer, Creative Director von INSPIRANTO.com, hat die Konzeption des Buches begleitet und ein zeitgemäßes Design entwickelt, das die Geschichten und Bilder in einer ästhetischen Einheit präsentiert. Er ist selbst in Rauris aufgewachsen und bezeichnet die Arbeit an diesem Buch als „Herzensprojekt".

Die literarischen Texte sind zum einen ergänzende Beschreibungen der einzelnen Höfe oder Tätigkeiten, zum anderen jedoch ein Kontrapunkt, indem sie einen heiter-ernsten Spielraum für eigene Vorstellungen und Erinnerungen eröffnen: in prinzipieller Überlegung, kritischem Vergleich, in Gedicht, Essay, Erzählung und Märchen. Alle Autorinnen und Autoren sind eng mit Rauris verbunden, haben bei den Literaturtagen gelesen und manche sind mit Rauriser-Literatur-Preisen ausgezeichnet worden. Die Kurzbiografien am Ende geben genauere Hinweise.

Ludwig Hartinger eröffnet den dichterischen Teil mit einem andeutungsreichen Gedicht, Karl-Markus Gauß wägt das Stichwort „Heimat" im Gebrauch und Missbrauch des Wortes ab und verweist auf die Vertreibung aus ihr in der europäischen Geschichte. Peter Gruber erzählt ein Kindheitserlebnis der Angst auf dem elterlichen Bauernhof, Walter Müller stellt die Geschehnisse in und auf den Höfen des Lebens in dunkel grundierte Bilder – auf dem Bauernhof und im Hinterhof der Stadt. Thomas Lehr fasst die Sehnsucht des Großstädters nach den Bergen in ein schillerndes Bild von Gelingen und Misslingen, Barbara Frischmuth wirft einen kurzen Blick auf die Rauriser Literaturtage und ihre Wirkung auf die Menschen des Tales, Katja Oskamp erzählt das liebenswerte Märchen von den Rauriser Bücherzwergen. Bodo Hell, der Herr und Hirte der „Tauernschecken", einer speziellen Ziegen-Rasse, die auch in Rauris gezüchtet wird, lässt uns an den peniblen Handgriffen des Morgenmelkens teilnehmen, ich selbst gehe als Beispiel für andere Höfe der Geschichte von zwei der ältesten Anwesen des Rauriser Tales nach. Am Ende schließt die Rauriser Bäuerin und Autorin Ingrid Loitfellner-Moser, aus Niederösterreich zugezogen, den Reigen der Texte. Mit ihrer präzisen Schilderung eines Sommertags zwischen Almauftrieb und Computercheck für den „Urlaub am Bauernhof" beschreibt sie ein für viele exemplarisches Leben – erst spät nachts endet der Tag unter den Sternen.

Das Buch „Die Berge. Der Hof. Das Bleiben." erzählt lebendige Geschichte in Bildern und Worten. Es öffnet den Blick auf Momente und Situationen „innergebirg", die zeigen, wie gut Vergangenes weitergetragen und wie einfallsreich das Zukünftige dabei gemeistert wird. Wir danken allen auf das Herzlichste, die diesen Band ermöglicht haben. Er soll ein ermunterndes Beispiel geben für eine Daseinsform, die im Wandel der Gesellschaft dennoch jene Beharrlichkeit lebt, die wir alle brauchen.

Salzburg, Frühjahr 2015

rauris.

sitzt in der astgabel
kritzelt ins weiß ein wort

die åchn geht geh mit
der uferschiefer ahnts
    (träum stromauf und münde)

paar hagebutten zittern noch ein rot für uns ...

Ludwig Hartinger

HEIMAT

Karl-Markus Gauß
Aus: "Europäisches Alphabet", 1997*

Mit der Heimat haben es viele schwer, auch die Übersetzer. Denn wenn es im Deutschen heimatlich wird, steht ihnen im Französischen nur »patrie« oder »pays natal« zur Verfügung, und dieses Vaterland wie jenes Geburtsland sind der Heimat doch ziemlich fern. Nicht viel anders ist es mit der italienischen oder der portugiesischen »patria«, doch auch das »native country« des Englischen ist mit der Heimat nicht gemeint. Das Gemütvolle, wie es die Heimat birgt, im Martialischen des Vaterlandes ist es so wenig zu Hause, wie ihm das Sachliche von Geburtsort und Staatsbürgerschaft gerecht wird. Die Heimat ist vor dem Vaterland da, und sie wird weder in etatistischen Kategorien gedacht noch als Feier des Staates erlebt. Daß es in der deutschen Sprache eine Heimat, sonst aber in den europäischen Sprachen zumeist nur Vater- oder Geburtsländer gibt, hat manchen Kritiker deutschen Wesens dazu verführt zu meinen, die Heimat mit all ihren Abgründen sei überhaupt etwas spezifisch Deutsches ... Hätten die Deutschen gar, da sie eine Heimat sprachlich benennen können, schon etwas von ihrer gefährlichen Doppelexistenz verraten, die sie gefühlig im Heimatlichen rasten läßt, auf daß sie bald wieder als kalte Machtmenschen erobernd durch die Welt ziehen können? ...

So deutsch ist die Heimat nicht, und so beschränkt, wie sie bald gepriesen, bald verworfen wird, muß sie nicht sein. Die sie als inniges Menschenglück rühmen und die sie als das Überflüssige tadeln, sind sich zwar uneins, wie sie zu bewerten sei, doch einig, was sie vorgeblich ist: die Idylle des vertrauten Raumes, durch den keine Zugluft der Geschichte streicht, die Ruhe und Sicherheit des überschaubaren Ortes, den die Veränderung nicht erreicht, dem sie, wenn sie ihn doch erreicht, jedenfalls nichts anhaben kann – unverändertes, aber nicht in Kälte erstarrtes Bild der Kindheit. Der eine mag sich nach dieser Behütung sehnen, den anderen wird vor solchem Würgegriff des Abgelebten schaudern: Gemeinsam ist beiden, die sie die Heimat brauchen oder fürchten, daß sie ihnen ein besonderes Stück Welt ist, das Sicherheit dem gewährt, der sich in ihre überkommene Ordnung fügt. Das Recht auf Heimat, wie es die deutschen Heimatvertriebenen nach 1945 festschreiben ließen, kippt da rasch in eine Pflicht zur Heimat, die ungeschriebene Gesetze zu befolgen zwingt und den ausstößt, der sich ihnen nicht unterwirft. Denn solche Heimat ist warmherzig, aber nicht großzügig, sie spendet Sicherheit, gewährt aber keine Nachsicht. Was sie zuläßt, ist die sonst nirgendwo mehr erreichte Selbstverständlichkeit des alltäglichen Lebensvollzugs: Was ich tue, wird verstanden, und was ich sehe, verstehe ich, wie ich mich verhalte, gilt den anderen als selbstverständlich, und wie sie sich verhalten, das ist mir vertraut. Was das Selbstverständliche stört, verletzt die Heimat, sei es fremder Lebensstil oder ungewohnte Verhaltensweise. Wer von außen kommt, bleibt in einem Dorf oft bis ans Lebensende ein Zugereister, der nicht ganz dazugehört, und wer von innen aufbegehrt, dem wird die Heimat bald unheimlich: Die Jugend verläßt sie, ihr anderes Leben zu führen, oder aber sie schafft sich inmitten der fremdgewordenen ihre eigene Heimat.

Theo Waldinger war Mitte dreißig, als ihn die Wiener Nazis unter Bedeckung ihrer deutschen Herren außer Landes jagten, und er war weit über achtzig, als er wieder für länger aus Chicago nach Österreich zurückkehrte. Den größeren Teil seines Lebens hatte er außerhalb des deutschen Sprachraums verbracht, aber das wienerisch gefärbte Deutsch, das er sprach, war für jeden, dem er anekdotenreich von früher erzählte, ein Erlebnis. Ein Wienerisch, wie es heute kaum mehr zu hören ist, war es nicht vom Slang der zerfallenden Großstadt, doch unverkennbar großstädtisch gefärbt und im riesigen sprachlichen Resonanzraum der Donaumonarchie zu seinem vollen Ton gereift. Wie konnte es geschehen, daß er es, in amerikanischer Umgebung, über ein halbes Jahrhundert so makellos und so lebendig erhielt? Übersiedeln heute Österreicher in die Vereinigten Staaten, pflegen sie schon nach zwei, drei Jahren ihre sprachliche Sicherheit eingebüßt zu haben und bei sogenannten Heimatbesuchen in einem Kauderwelsch aus Geschäftsenglisch und Phrasendeutsch zugleich roh und sentimental daherzustammeln. Bei all diesen Kärntner Köchen, steirischen Muskelmännern und Wiener Footballern schlägt die panisch vollzogene Assimilation an die Neue Welt, die bedingungslose Selbstaufgabe zugunsten des beruflichen Aufstiegs schon nach kurzer Frist als Verstümmelung der Sprache durch. Theo Waldinger jedoch, der Österreich nicht freiwillig verlassen, nicht das Abenteuer oder den Erfolg gesucht hatte, sondern um sein Leben flüchten mußte, wußte seine Sprache ganz unversehrt zu halten.

Was seine Heimat sei, habe ich ihn einmal gefragt, und er hat, sich immer wieder ergänzend, korrigierend, nicht so schnell aufgehört mir zu antworten, als müsse er auch darüber noch endgültige Klarheit erlangen.

Er einigte sich schließlich darauf, daß er, der Exilant, zwei Heimaten habe, wiewohl Heimat ein Wort ist, das keinen Plural zu kennen scheint, und diese beiden Heimaten waren ihm nicht Österreich, das ihn verstoßen hatte, und Amerika, dem er bei aller Kritik stets dankbar blieb, es waren nicht Wien und Chicago, sondern der Kaiserpark und das Wienerische.

Im Kaiserpark, einem wenig prächtigen Wiener Vorstadtpark, hatte er sich als Jugendlicher täglich mit seinen Freunden getroffen, die gleich ihm zumeist armen jüdischen Familien entstammten und sich früh für den sozialistischen Umsturz erhitzten. Man konnte ihm die österreichische Staatsbürgerschaft nehmen, ihn aus Wien, aus Europa vertreiben, die beiden Heimaten, wohin es ihn auch verschlug, hatte er immer bei sich: das Bild des Kaiserparks mit seiner Gruppe aufbegehrender Jugendlicher und die Sprache mit ihrem von Generationen nuancierten Reichtum. Aus diesen Heimaten konnte er nicht vertrieben werden, weil sie ein Teil seiner selbst geworden waren. Und wie er aus der Erinnerung an die Freunde, die in alle Erdteile verstreut wurden und sich doch, von Elias Canetti in seiner Autobiographie respektvoll erwähnt, die Freundschaft bewahrten, wie er aus dieser Erinnerung an den Kaiserpark, in dem früh die Revolten lodertren, eine seltsam trotzige Kraft bezog, so war auch seine Sprache Ursache und Folge einer eigentümlichen Sicherheit: Da mühte sich einer nicht ab, die Spuren zu verwischen und, was ihn geprägt hatte, zu verleugnen, er lebte vielmehr aus seiner und mit seiner Geschichte, und so vermochte er sich in der neuen Welt paradoxerweise gerade deswegen zurechtzufinden, weil er, der wahrlich Grund dafür gehabt hätte, der alten nie in Bausch und Bogen abgesagt hatte. Seitdem ich dem so unverkennbar österreichisch zugeformten und zugleich wahrhaft kosmopolitischen Weltbürger Theo Waldinger begegnet bin, kommt mich immer eine böse Verächtlichkeit an, wenn ich die pflichteiligen Weltspießer meiner Generation dabei sehe, wie sie verkniffen ihrer Herkunft wie einer Verdammnis zu ewiger Provinzialität zu entfliehen suchen. Solch provinzielle Angst des Provinzlers, in der großen weiten Welt, wo der freie Geist weht und der Fortschritt zu Hause ist, womöglich für einen Provinzler gehalten zu werden, hat Theo Waldinger, haben die einst ins Exil Gejagten nicht gehabt. Die Heimat, wie sie der Flüchtling Waldinger empfand, muß an den Ort, dessen Teil sie einmal war, ja der sie selber gewesen ist, nicht gebunden sein, man kann sie mit in die Welt nehmen. Sie ist auch nicht das Versprechen seelenvollen Behagens, sondern etwas, das seine widerständigen Seiten hat. Der Park der Kindheit ist ein kleiner, überschaubarer Raum der Freiheit, zwischen die familiäre und die staatliche Obrigkeit, zwischen Eltern und Welt gesetzt. Um als Heimat zu taugen, braucht dieser Park, dieser Straßenzug nicht ein Leben lang vor meiner Haustür zu liegen, braucht er nicht alle Tage besucht, abgegangen zu werden.

Die Heimat kann mit dem ziehen, der den Ort der Kindheit verläßt, und jenem abhanden kommen, der bleibt. Millionen Arbeitsemigranten erproben es, und manchen gelingt es, die Heimat in die Fremde mitzunehmen.

Anderen, weil sie Fremde bleiben, verklärt sich das, was sie verlassen haben, zur Idylle, zur heilen Welt daheim: Wer sich wie sie, die sonst gar nichts besitzen, im Besitz der fernen Heimat wähnt, die ihnen aus der Entfernung immer inniger leuchtet, hat sie indes schon verloren und verliert nun auch noch sich selbst an eine Politik, die ihr Geschäft mit der Heimat nur machen kann, wo diese in Wahrheit bereits zerstört ist.

Europa hat heute 43 Staaten, bald können es noch ein paar mehr oder wieder ein paar weniger werden, und in nicht wenigen blüht der politische Handel mit der Heimat; Europa hat 43 Staaten und in diesen Staaten, großzügig bemessen, vielleicht 130 historisch gewachsene Regionen. Wie viele Heimaten hat Europa, wieviel Heimat läßt Europa zu? Das überkommene Bild von Heimat faßt diese in einem dörflichen, regionalen Rahmen, in den allenfalls noch die industriell verschonte Kleinstadt paßt. Stadtforscher haben indes gezeigt, wie die Großstädte sich aus lauter kleinen Dörfern zusammensetzen, in denen der Metropolenbewohner vermeintlich überflüssige Bedürfnisse und aussterbende Vorlieben wie jene, die Menschen seines Wohnhauses, seiner Straße mit dem Namen zu kennen und sich mit ihnen in einem Einverständnis über einige grundlegende Dinge zu wissen, respektiert findet. Denn Heimat hat immer etwas Kleines, aber doch etwas Kollektives. Verlogen ist es, wenn approbierte Philantropen, sich selbst zu preisen, gleich die ganze Menschheit als ihre Heimat rühmen, und schlichten Unsinn verbreitet die politische Feiertagspredigt, daß Europa selbst die größere Heimat der Europäer sei.

Nein, die Heimat hat nichts Monumentales, sie ist auf den kleinen Raum bezogen, allerdings einen, in dem der ganze Lebenszusammenhang aufscheint. So kann man seine Heimat auch nicht alleine haben, und die einsame Liebe zu einem besonderen Berg, zu einem Landstrich macht noch keine Heimat, ist diese doch immer der Ort mit seinen Sprachen, die Landschaft mit ihren Menschen ...

Die Heimat vererbt sich nicht. Politiker, die den Menschen Heimat versprechen, lügen, denn Heimat kann weder zentral gewährt noch politisch verordnet und durchgesetzt werden. Mag sein, es gibt nicht nur den Wunsch nach Heimat, sondern auch ein Recht auf sie, so ist dieses Recht doch nicht zu sichern und auch nicht auf die Nachkommen weiterzugeben ... Heimat ist der Politik vorgelagert, und nicht ihr geringster Reiz wächst ihr zu, weil sie, ein Stück gutes Leben im falschen, Glück immer wieder auch trotz der politischen Verhängnisse gewährt. Es ist in den Reden der Politiker wieder viel von der Heimat, vom Recht auf Heimat, von Gefährdung und Sicherung der Heimat die Rede, ein starkes Indiz, daß es schlecht steht. Wenn das Vaterland auf die Heimat kommt und sie zu schützen ankündigt, soll meist verborgen bleiben, daß es schon bebt und kracht.

BAMBINI
LANDESCUP
Maishofen
11. 3. 2006
2005
Maishofen
MAISHOFEN
2000

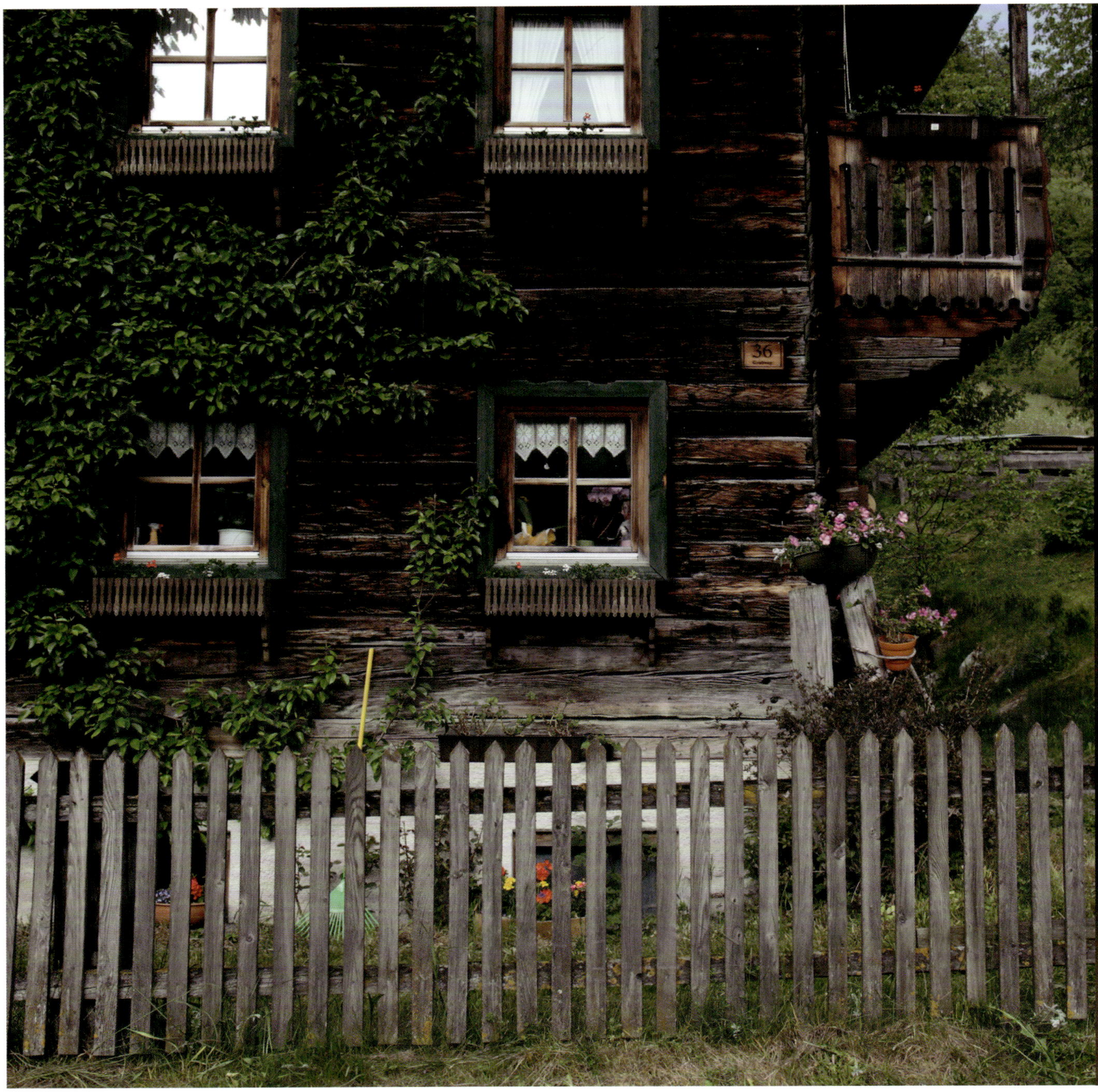
36

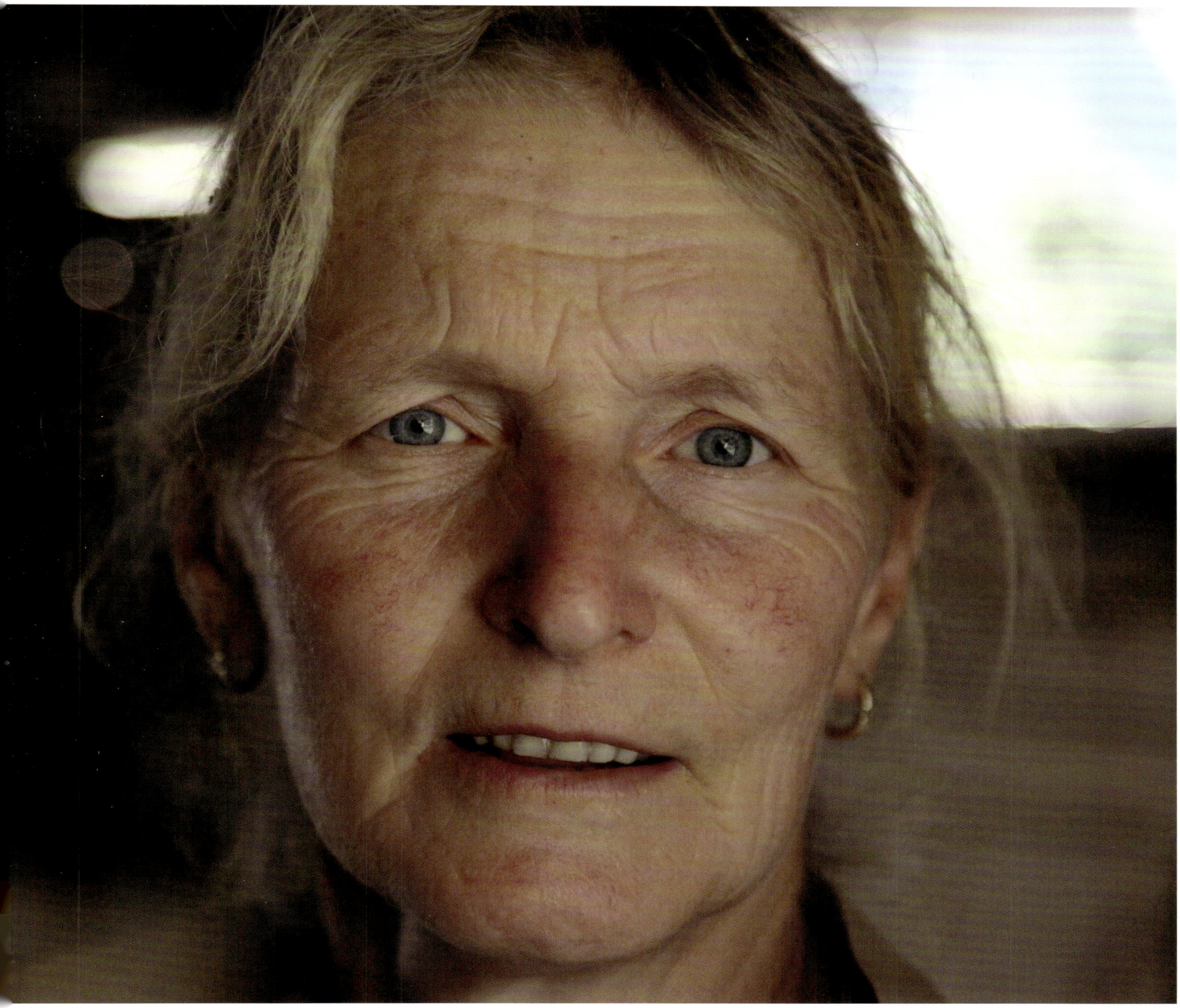

IM SCHATTEN DES SCHWARZEN HOLUNDERS

Ein Heimatmärchen
von Peter Gruber

Gestern. Heute. Morgen.

Es ist nun einmal eine Eigenheit des menschlichen Wesens, dass all das, was man in der Kindheit persönlich erlebt und hautnah erfährt, nicht nur psychisch, sondern auch physisch zu verspüren ist, einem als Kind durch alle Glieder zu fahren vermag, sich in den noch jungen Zellen festfrisst, einen niemals mehr loslässt und ein Leben lang gespeichert bleibt. Wie ein unüberwindbarer Code. Erlebnisse und Erfahrungen, die einen bis ins fortgeschrittene Alter begleiten und immer wieder und wieder in den Erinnerungen beschäftigen. Nicht selten gehen dabei Empfindungen wie in der Kindheit einher.

Sehr wahrscheinlich wurzeln diese Gefühle in einem archaischen Urgefühl.

Es war in einem der beiden Sommer 1960 oder 1961. Welches Jahr es exakt war, weiß ich nicht mehr. Es herrschte jedenfalls ein lauer Frühsommerabend, und es war bereits dunkel. Allerdings vermag ich mich ganz genau zu erinnern, wie ich mich fühlte. Die eigentlichen Umstände wurden mir erst viel später klar. Sie dürften mir, als ich erstmals und leibhaftig die kindliche Angst des Alleinseins erfuhr, nur teilweise bewusst geworden sein.

Ich lag in der Schlafkammer, die ich mit meinen Eltern zu teilen hatte, auch mit den jüngeren Geschwistern. Ich lag hellwach im Bett, und ich ahne selbst noch heute, wie heftig mein Atem ging, wie rasend mein Herz pochte. Meine Eltern hatten das einzige in der Schlafkammer befindliche Fenster offen gelassen, die Fensterflügel fixiert, damit sie nicht vom Sommerwind aus den Angeln gehoben werden konnten. Die Eltern hatten das Fenster ob des lauen Abends geöffnet – die in Gebirgsgegenden so rar sind – um ein wenig die holunderblütenfrische Luft ins Innere der Kammer fließen zu lassen. Die Vorhänge blieben zugezogen. Sie bestanden aus einem derart dünnen Stoff, dass man fast durch sie hindurchsehen konnte. Meine jüngeren Geschwister schliefen, sie waren drei oder vier Jahre alt, einer meiner sechs Brüder, eine meiner beiden Schwestern. Ich selber war fünf oder sechs Jahre alt, damals, im Frühsommer 1960 oder 1961, als die Eltern uns Kinder allein gelassen hatten, für wenige Stunden, einen Abend lang, in der Schlafkammer mit den weit offen stehenden Fensterflügeln. Meine Großmutter, diejenige väterlicherseits, hatte die Aufgabe, auf uns Kinder aufzupassen. Sie selbst bewohnte, zusammen mit dem Großvater, ein gemütliches Stüberl, das der Schlafkammer gegenüber lag und nur durch den Söller getrennt war. Diese Großmutter war eine fürsorgliche Frau, wenngleich eine resolute, besonders anderen Frauen und vor allem meiner Mutter gegenüber.

Ich lag hellwach in meinem Bett, war wie gelähmt, hatte nicht den Mut, mein ängstliches Empfinden stimmlich zum Ausdruck zu bringen. Vielmehr lauschte ich wie gebannt nach draußen, blickte ich unentwegt und geradezu wie hypnotisiert zu den dünnen Vorhängen hin, die sich ständig leicht bewegten. Ich vernahm seltsame Geräusche. Mir war, als würde da draußen etwas Unheimliches geschehen, ständig irgendetwas um das Fenster streifen. Etwas, das mich sehr beunruhigte und mir mächtig Angst einflößte. Ich vernahm ein permanentes Kratzen, Schlagen, Raffeln, Scheppern, Streichen, Wetzen. Da draußen spielte sich nach meiner kindlichen Vorstellung etwas Ungeheures ab. Ich ortete diese mir fremden und Angst erweckenden Geräusche hauptsächlich an den mit verwitterten Lärchenbrettern verschlagenen Außenwänden.

Das Fenster der Schlafkammer war ein überaus großes, es war erst jüngst in das Holzgebälk des oberen Stockwerkes eingebaut worden, und es unterschied sich deutlich von allen übrigen Fenstern des steinalten Gebäudes, die um vieles älter und vor allem auch kleiner, teils sogar nur winzige Lichtschlitze waren. Dieses übergroße Fenster war nach Westen ausgerichtet, öffnete sich in die Weite des Tales, über dem das bergbäuerliche Gehöft thronte. Das Fenster war also jener Seite zugewandt, die zugleich die Wetterseite war – von wo Wind, Regen, Stürme, Schnee und Gewitter kommen.

Die Eltern verbrachten den Abend bei den Nachbarn, die auf demselben Berg und ebenfalls in einem alten Bauerngehöft lebten, das allerdings höher als das unsrige lag, wohin ein steil bergwärts führender Hohlweg führte, der von altersschwachen Zäunen und brüchigem Schiefergestein umsäumt war. Ein schmaler Weg, über den Buchen und Erlen ein schützendes Dach wölbten. Einer jener typischen Hohlwege, wie es sie damals überall auf den Bergen gab, die einzigen Verbindungen von den Tälern hinauf zu den höchst gelegenen Berggehöften, von einem Nachbarn zum anderen, gerade mal breit genug für einen Ochsenkarren oder Ziehschlitten.

Ich hatte nicht den Mut, die Decke zurück zu schlagen, aus dem Bett zu schlüpfen und im Dunklen zum Fenster zu tappen, geschweige denn die Vorhänge wegzuschieben, um nachzusehen, was da draußen vor sich ging, wer oder was am Fenster derartige Geräusche verursachte. Ich blieb wie gefesselt in meinem Bett liegen. Ich blickte lediglich unentwegt auf die Vorhänge. Obwohl ich mich im Grunde genommen ja gar nicht hinzusehen getraute, gelang es mir auch nicht, mich dem Bann dieses Hinsehens zu entziehen.

Da draußen, hinter den sich ständig bewegenden dünnen Vorhängen, lag für mich etwas Unfassbares, Unbegreifliches. Das spürte ich deutlich. Und davor hatte ich Angst. Da draußen, das wurde mir in diesem Moment so richtig bewusst, befand sich nicht nur das übrige Gebäudeensemble, nicht nur der große Viehstall, die riesige Tenne, der hohe Troadkasten, die Schneggerhütte, der Holzschuppen und die beiden kleinen Hütten zum Speckselchen und Flachstrocknen. Da draußen befanden sich nicht nur die Obstbäume und die im Schutz der alten Gemäuer allüberall verzweigten steinalten Holundersträucher. Da draußen befand sich nicht allein die Einschicht des Gehöftes, die einem zutraulich und heimelig zu begegnen vermochte, nein, da draußen befand sich etwas viel Größeres.

Da draußen war die Welt.

Das wurde mir mit einem Mal bewusst, und ich verspürte plötzlich eine mächtige Angst in mir aufkeimen. Ich fühlte, als würde in diesem Moment des Bewusstwerdens meine kindliche Welt aus allen Angeln gehoben werden, als würde ich augenblicklich meine Geborgenheit verlieren, wie sie mir bisher das dicke Gemäuer des steinalten Hauses geboten hatte. Sicherheit und Schutz zerplatzten in diesen Augenblicken meiner kindlichen Angst.

Das große Fenster mit den weit offen stehenden Flügeln vermittelte mir als Fünf- oder Sechsjährigem eine völlig neue Dimension. Jetzt wagte ich erst recht nicht mehr, mich auch nur einen einzigen Millimeter in meinem Bett zu bewegen. Ich schaute und starrte weiterhin wie hypnotisiert zum großen Fenster hin. Dennoch fühlte ich zugleich auch, wie sich in mir eine Riesenneugier zu regen begann, wie sich zu meiner kindlichen Ängstlichkeit auch eine kindliche Neugierde gesellte, und die beiden einander abzuwägen versuchten.

Irgendwann zu fortgeschrittener Stunde betrat die Großmutter die Kammer, wohl um nach uns Kindern zu sehen. Sie dürfte bemerkt haben, dass ich mit offenen Augen und wie erstarrt im Bett lag. Sie setzte sich zu mir. Zunächst wortlos. Ihre Blicke wechselten zwischen meinem Gesicht und den Vorhängen. Sie schien meine Ängste zu erraten. Nach einer geraumen Weile flüsterte sie mir etwas ins Ohr, was ich bis zum heutigen Tag nicht vergessen habe. Was du hörst, sind die Vögel. Sie tummeln sich im Holderbusch. Es sind dieselben Vögel, die im Winter zur Fensterbank kommen. Um Brotkrümel und Fettgrammeln aufzupicken. Gimpel. Meisen. Bergfinken. Kleiber. Amseln. Stieglitze. Buntspechte. Die Großmutter hielt inne, so als würde sie selbst dem Klang ihrer eigenen Wörter erst einmal nachhören wollen, ehe sie fortfuhr.

Bub, ich verrate dir jetzt ein Geheimnis. Mit den Vögeln ist es nämlich so: Es fliegen die Seelen der verstorbenen Menschen mit. Jene, die vom Himmel herabkommen, von Zeit zu Zeit, um dorthin zurückzukehren, wo sie einst gelebt hatten. Wir können sie mit unseren Augen nicht sehen, nur hören können wir sie. So wie heute, in dieser Nacht. Niemals aber würden sich die Verstorbenen blicken lassen.

Ich brachte nach wie vor keinen einzigen Ton über meine Lippen, vermochte mich nicht und nicht aus meiner Starre zu lösen. Ich lauschte bloß der Stimme der Großmutter, die beruhigend klang.

Immer dann, wenn ein Vogel mit besonders schöner Stimme singt, dann verbirgt sich dahinter das sehnsuchtsvolle Lied der Seele eines lieben Verstorbenen.

Ich sog das Gehörte auf, sann ihm nach, mit meinem kindlichen Verstand. Nach einer Weile vernahm ich aus dem Halbdunkel neuerlich die flüsternde Stimme der Großmutter.

Wer dieses Geheimnis der Vögel kennt, der braucht keine Angst zu haben.

Als wir ein knappes Jahrzehnt danach meine Großmutter zu Grabe trugen – es war zu Ostern, mitten im Frühling, wenige Wochen bevor die weiß-gelblichen Blüten des schwarzen Holunders an den alten Gemäuern erwachen würden – just in dem Augenblick, als der Holzsarg ins Grab gesenkt wurde, bemerkte ich (wie mir schien als einziger unter den versammelten Trauergästen), dass mit einem Mal die Äste und Zweige der Friedhofsbäume belebt wurden und ebenso plötzlich von allen Seiten her helle Stimmen von zig Vögeln erklangen. Augenblicklich erinnerte ich mich an die geheimnisvolle Geschichte, die mir die Großmutter in jener Nacht bei offen stehendem Fenster anvertraut hatte. Eine Erinnerung, die in dieser Stunde des Abschieds so wunderbar in mir erklang, dass augenblicklich der dunkle Schatten der Trauer wich.

Seither begleitet mich dieses märchenhaft anmutende Geheimnis durch mein Leben. Ich hüte es in meinem gedanklichen Schatzkästchen. Immer wieder, wenn ich in meiner Nähe ruffreudig tirilierende, pfeifende, rätschende oder piepsende Stimmen von Vögeln vernehme, denke ich unweigerlich daran. Im Sommer auf der Alm, wenn die Rotkehlchen auf den Querbalken des Hüttenzaunes balancieren, unmittelbar vor meinen Augen, während sie mit den Schnäbelchen ihr Gefieder säubern. Im Winter in der Großstadt, wenn mich im Morgengrauen der laute Gesang der Amseln in der nahen Parkanlage wach ruft. Überall sonst in der großen, weiten Welt, wohin ich auch komme und wo immer ich einem Zirpen oder Zwitschern begegne, öffnet sich augenblicklich mein gedankliches Kästchen mit dem wohl behüteten Schatz, und ich sinniere den Stimmen der Vögel nach.

Diese Geschichte, die mir im Schatten des schwarzen Holunders erzählt worden ist, verbindet mich wie kaum etwas anderes auf innige Weise mit dem, was ich als Heimat bezeichnen möchte.

Gestern. Heute. Morgen.

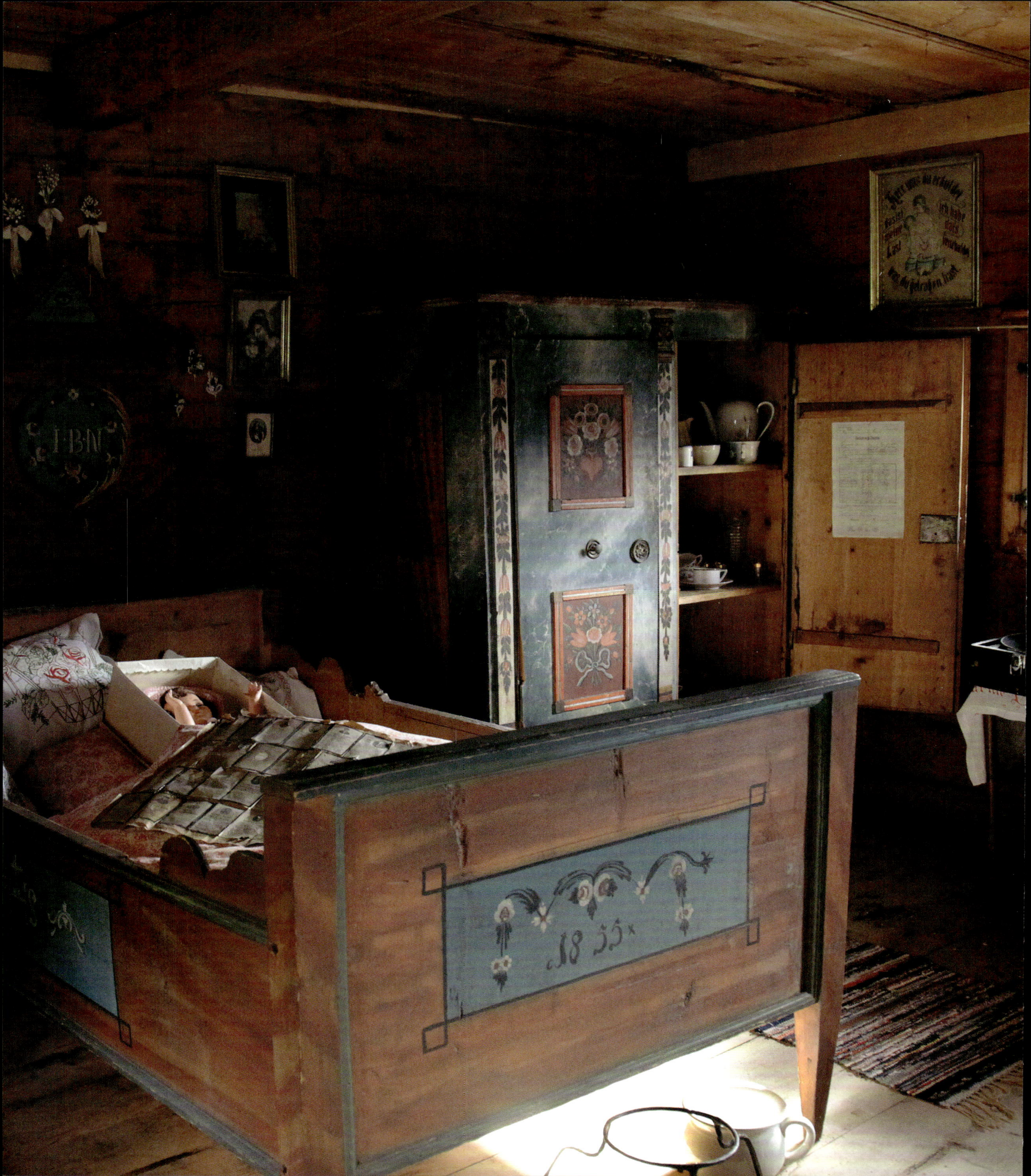

43

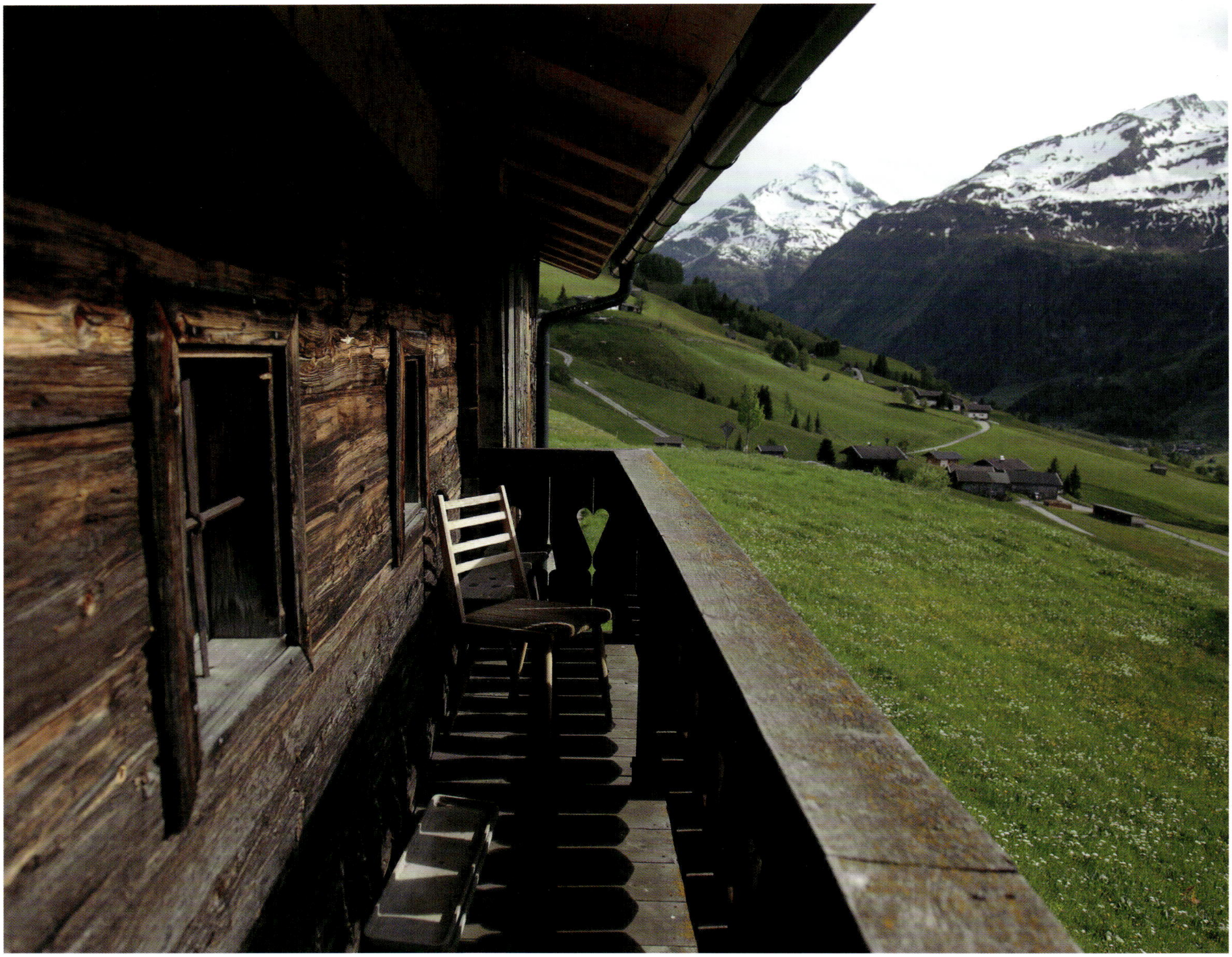

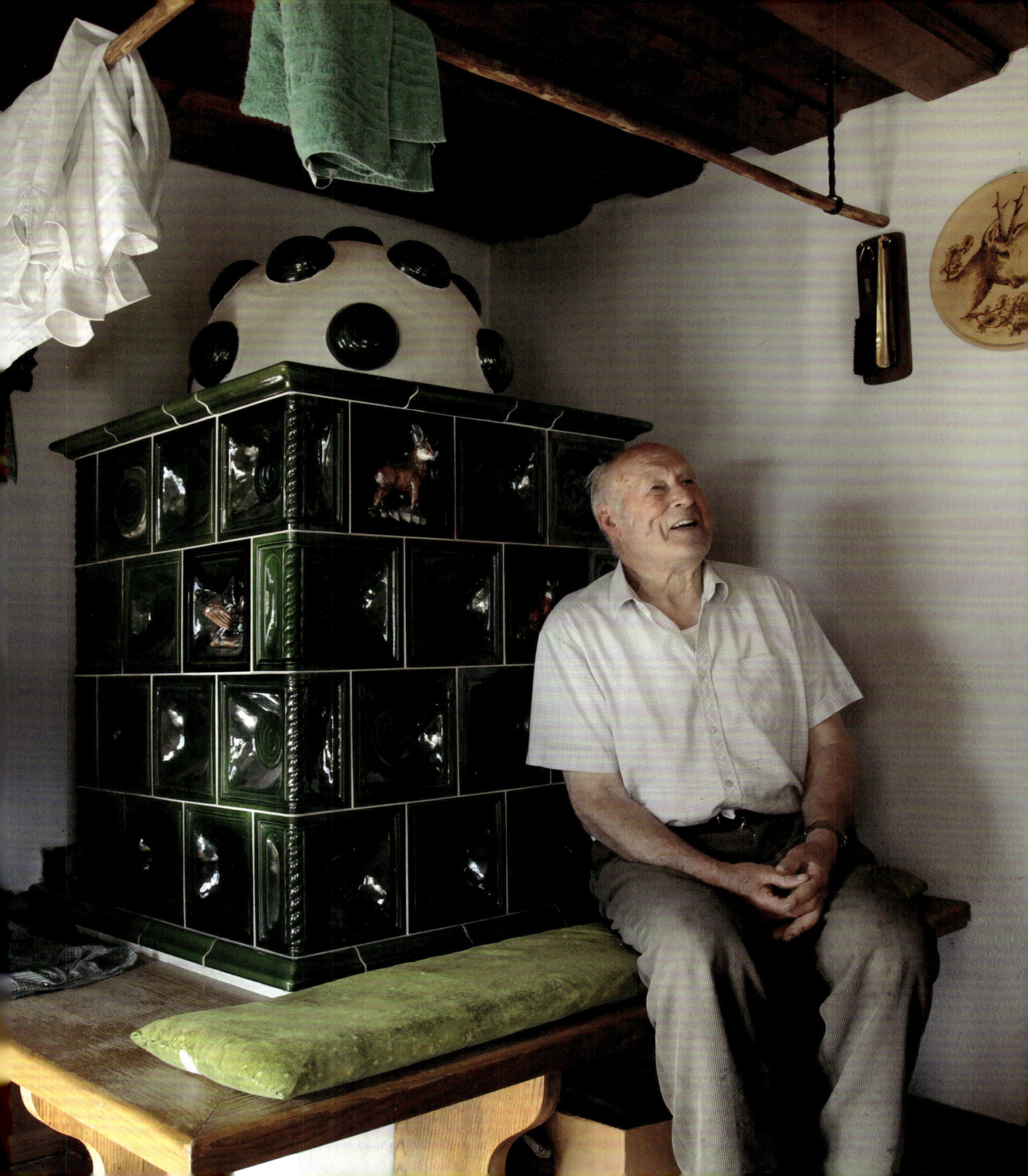

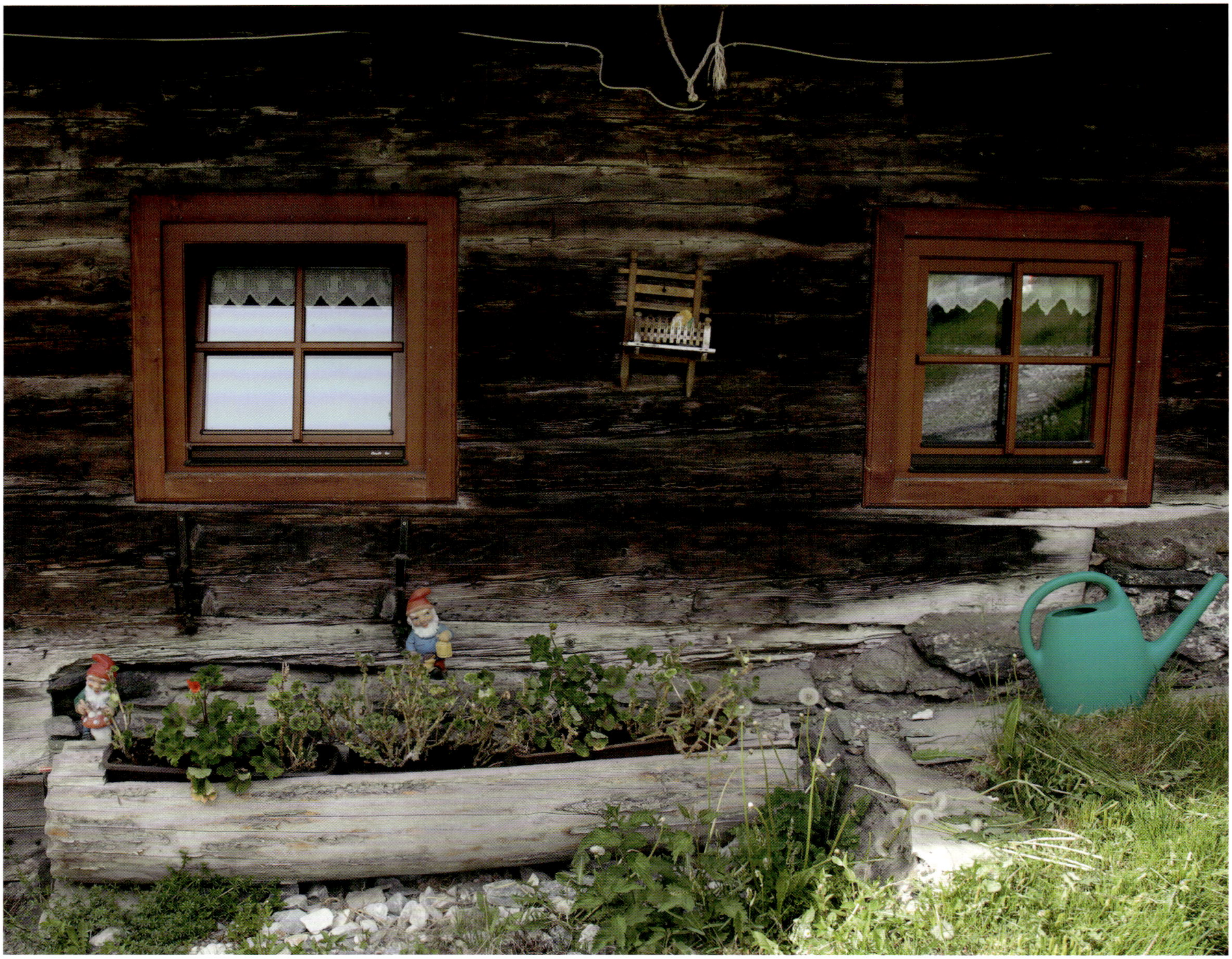

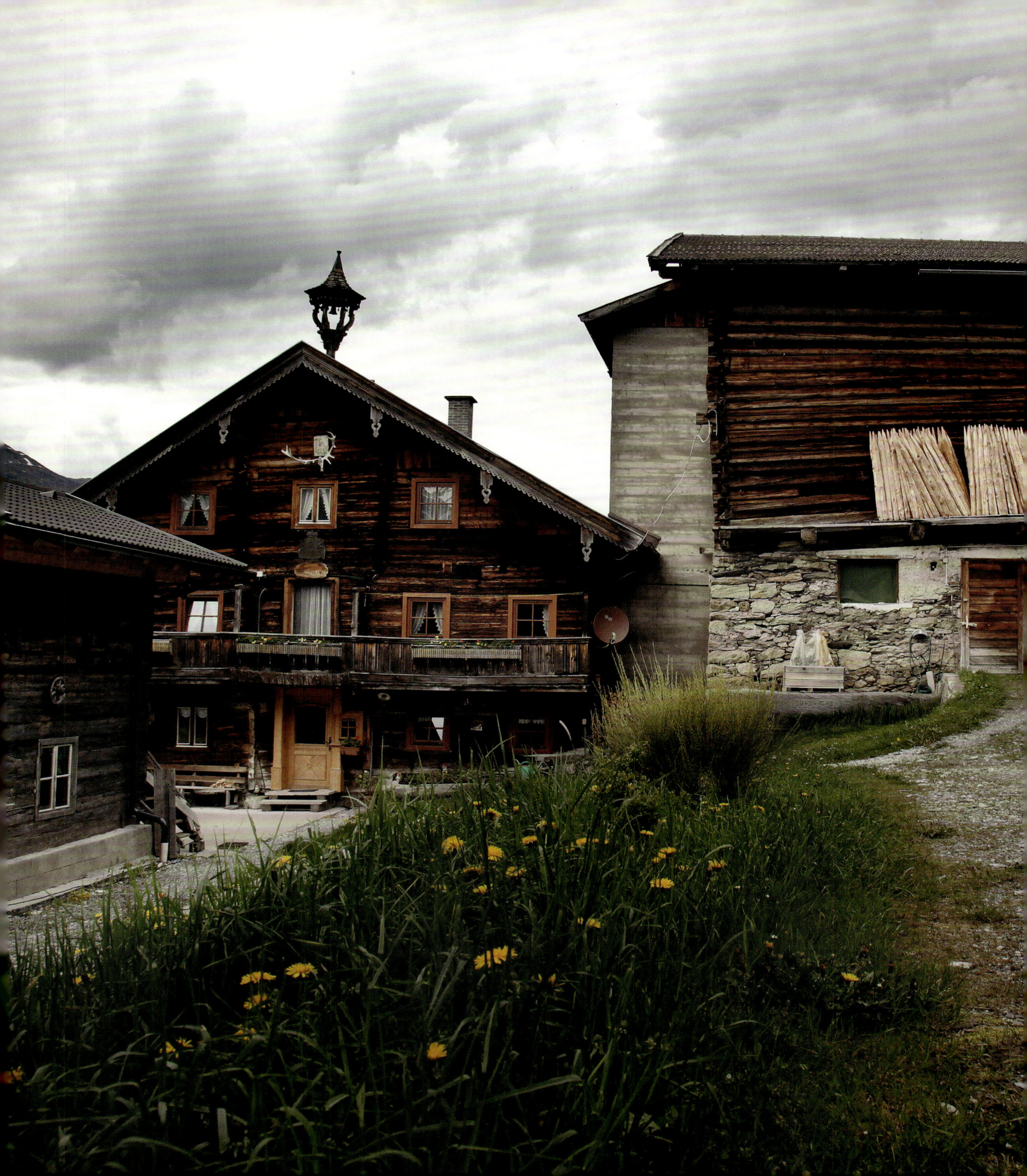

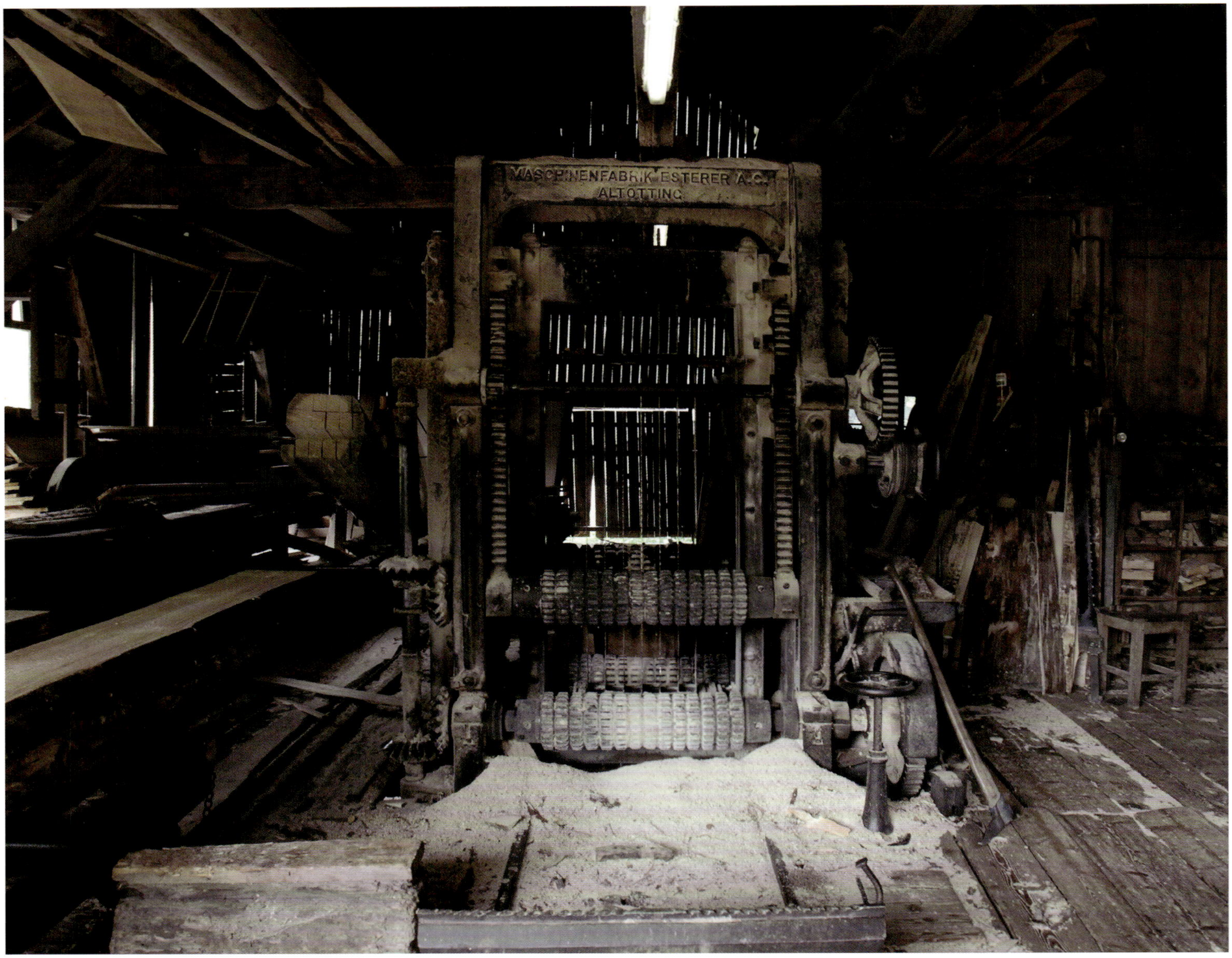
MASCHINENFABRIK ESTERER A.G.
ALTÖTTING

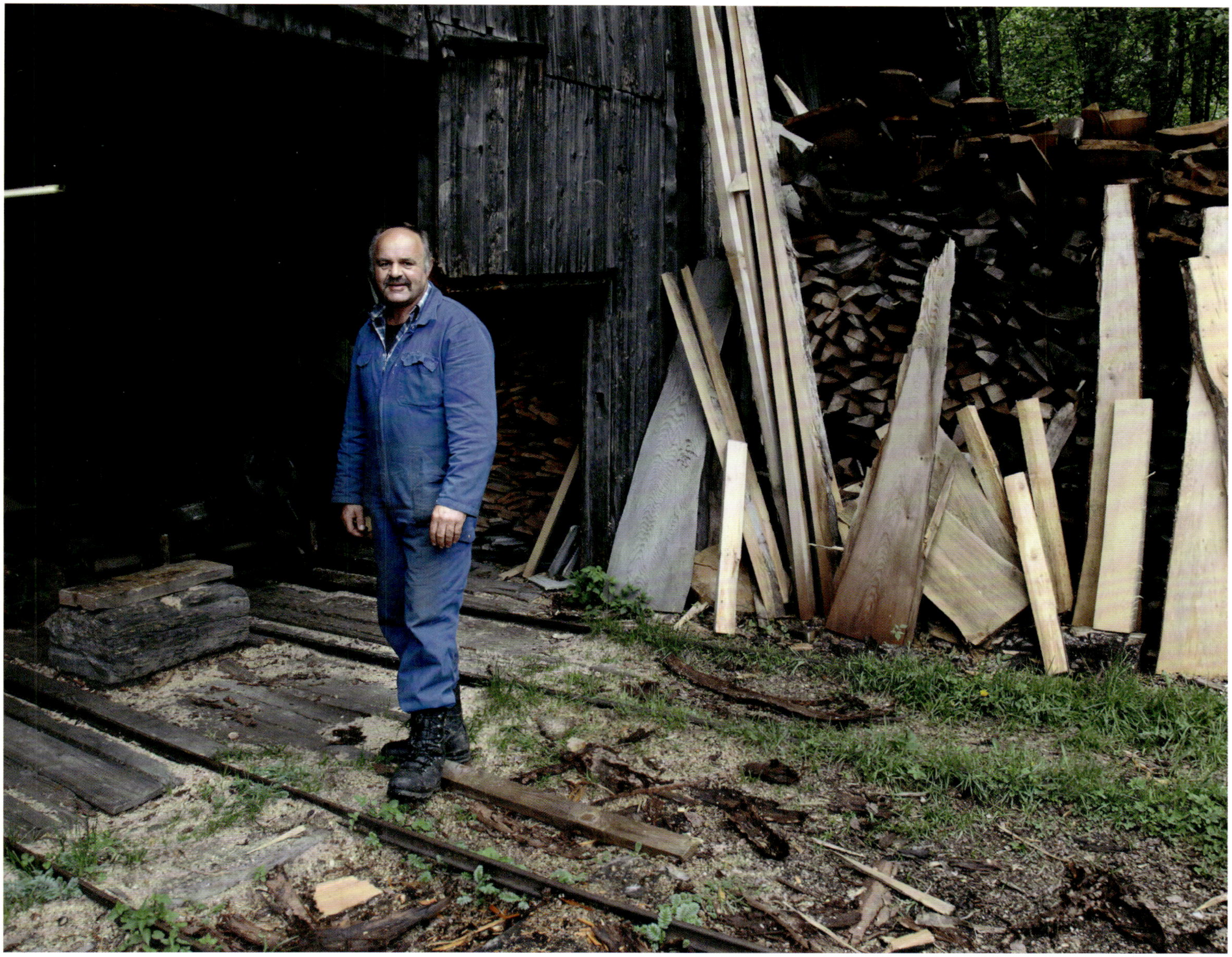

VON DER DRECKSARBEIT UND VON DER WÜRDE

Walter Müller
Ein kleiner Essay über die Höfe

Es gibt nicht viele Wörter in der deutschen Sprache, die einen derart weiten Horizont abstecken, sprachlich und emotionell, wie das Wort „Hof". Hofzeremoniell, Hinterhof. Hofrat. Schlachthof. Ich kenne mich im Hinterhof besser aus als bei den Hofräten. Mein Vater war Maurer von Beruf, ich habe ihn zufällig nicht gekannt. Ich weiß nur: er hat die Drecksarbeit verrichtet. Verputzen. Wände verputzen. Sich selbst verputzen. Verputz dich, Vater! Am vertrautesten freilich ist mir seit langem das Wort Friedhof. Irgendwo dazwischen, zwischen Schulhof, Lichthof, Bahnhof – der Bauernhof.

Im Hinterhof, egal welches Stockwerk, schaust du auf die Trockenstangen für die Wäsche und allenfalls auf den Sandkasten für die Kinder. Auf die johlenden Kinder, die einen Kreisel zum Singen bringen wollen. Du lümmelst mit den Ellbogen auf der Fensterbank, den Kopf in die Handflächen gestützt, und starrst in den Hinterhof. Vorderhof gibt es keinen. Vorne hinaus schaut man auf die Straße, die links in die Stadt oder rechts ins Glasscherbenviertel führt. Mehr Möglichkeiten gibt es nicht. Ein paar Häuser weiter: der Gasthof. Hat da nicht mein unbekannter Vater logiert? Und unser Glück verspielt?

Der Bauernhof war mir immer ein großes Geheimnis. Keine Ahnung, wohin man da blickt, auf der Fensterbank lümmelnd. Ins Getreide? In die Blumenwelt? Auf den Misthaufen? Ins Nichts?

Den Hinterhof meiner Kindheit, in dem einmal ein Krampus versucht hat, eine junge Frau gegen ihren Willen zu küssen, die Schreie hab ich im Ohr, sehe ich heute noch in aschfahlem Grau.

Den Bauernhof in Schwarzbraun, obwohl ich in meiner Kindheit nicht viele Bauernhöfe betreten habe, aber immerhin einen in Alpl, Steiermark, dem Geburtsort irgendwelcher Vorfahren und zufällig auch des Herrn Peter Rosegger. Aschgraue Wände, es gab die Kohlenkeller damals in den Gebäuden mit Hinterhof; schwarzbraune Holzfassaden an den Bauernhäusern, ähnlich den Bretterkabinen im Strandbad am Wallersee. Im Bauernhof muss es nach dem Wallersee gerochen haben.

Vor Kühen hab ich mich in meiner Kindheit mehr gefürchtet als vor den Krampussen.
Auch die Selbstmörderin Frau S., die sich in ihrer Wohnung am Fensterkreuz Richtung Hinterhof erhängt hat, hat mir, dem Kind, keine Panik verursacht. Höchstens ein Schaudern. Heute, 2014, hab ich in der Zeitung gelesen, dass eine junge Bäuerin von einer Kuh an der Stallwand zu Tode gedrückt worden ist. 21. Jahrhundert!
Da bekreuzige ich mich, und das kommt bei mir nur alle heiligen Zeiten vor. Ist das die Urgewalt, gegen die sich keiner schützen kann? Bauernidyllen-Urgewalt? Darf einen ein Vieh einfach so zerquetschen, immer noch? Wie im Mittelalter? Ist der Bauernhof bzw. der dazugehörende Stall so ein archaischer Ort? Wie eine Stierkampfarena. Ein Schlachthof.

Trinken die Bäuerinnen immer noch Milchkaffee und die Bauern einen Schnaps nach dem anderen wie in den bayrischen Komödien? Und suchen die Bauern tatsächlich per Fernsehen ihre Bäuerinnen? Und ziehen sich alle Jungbäuerinnen für ein Kalenderbild bis auf die Haut aus? Der Bauernhof bleibt für mich geheimnisvoll. Spinnweben-Bauernhof. Auf der anderen, der hellen, erhabenen Seite: In der spanischen Hofreitschule sterben inzwischen auch oder immer schon die weißen Rösser an mysteriösen Krankheiten. G'hupft wie g'sprungen.
Im Freilichtmuseum, in dem Bauernhöfe aus allen Gauen des Salzburger Landes aufgestellt worden sind und das ich sehr gerne besuche, am liebsten im Spätherbst, gibt es unendlich viele Fensterkreuze, an denen sich eine sensible Seele aufknüpfen könnte. Bei Rauriser Föhnsturm. Wenn der Föhnsturm bläst, bin ich froh, nicht auf einem Rauriser Bauernhof daheim zu sein. So viele Fensterkreuze … und mindestens ebenso viele Herrgottswinkel. Es gleicht sich alles aus.
Ich esse ab und zu mit anderen aus derselben Pfanne. Bei uns, im Hinterhof in Lehen oder später in der Mittelschichtwohnung im Walserfeld, nahe dem Bauerndorf Wals, hat sich irgendwann das Wort „Fondue" eingeschlichen. Aus demselben Topf nach Fleischstücken stochern wie die Bauern. Das war zur selben Zeit, als die ersten Kühlschränke auftauchten, in denen man Speiseeis zubereiten konnte.
Wo kann man sich mit den Füßen voran aus dem Haus tragen lassen, wenn nicht auf einem Bauernhof. Gibt es das noch? Betet ihr immer noch am offenen Sarg?

Küsst ihr eure Toten auf die Lippen? Wir in der Stadt machen das seit kurzem auch wieder. In entsprechenden Trauerräumen. Ihr seht: wir lernen von euch!
Meine Großmutter-väterlich musste mit einem Reisbesen den Holzboden schrubben, auf allen Vieren, das war in den dreißiger Jahren, und einmal, als ihr Mann, mein Großvater, die Bestie, die ich Gott sei Dank nicht gekannt habe, stockbesoffen nach Hause kam, hat er ihr mit dem Stock das Baby, das ein Onkel oder eine Tante hätte werden können, aus dem Bauch geprügelt. Der Holzboden war voller Blut. Mitten in der prachtvollen Stadt Salzburg, im hintersten Hinterhof, damals … in der Siedlung hinter dem Lehenerhof.

Wir haben keinen Herrgottswinkel in unserer Wohnung … aber an einer Wand, bevor man ins Wohnzimmer kommt, einen Gekreuzigten mit gebrochenen Armen auf einer verwitterten Lungauer Dachschindel befestigt … und rechts eine sehr schöne chinesische Geisha; der Herrgott aus ungebranntem Ton, die Geisha hinter Glas, auf Seidenpapier. Manchmal weiß ich nicht, zu wem ich beten soll.

Meine Großmutter-mütterlich, die wunderbare Frau, ist in ihrer Schneiderinnen-Anfangszeit zu den Walser Bauern auf die Stör gegangen. Hat auf Befehl und nach Wunsch den Bäuerinnen ihre Kleider und Mäntel genäht. Wenn sie davon erzählt hat, hat sie so erzählt, als wäre sie bei den Adelsfamilien zu Werke gewesen. Als hätte sie einer „Von-und-zu" was zugenäht. Ich, der Enkelsohn, bin viele Jahre später ein paar Mal in Rauris zu den Bauern auf die Stör gegangen, in die Bauernstuben, um im Herrgottswinkel aus meinen literarischen Werken zu lesen. Für eine Speckjause und ein Bier, ein Glas Wein, oder beides. Und ich kann mich an keine besseren Gagen erinnern. Die Bauersleute heute sind so klug wie die Stadtleute.

Im Advent rede ich immer noch wie ein altkluges Kind vom Stall, in dem das Kind zur Welt kommt. Vom heiligen Paar und vor allem von den Hirten, deren Bruder ich bin. Ich, das Hinterhofkind. Im Stall wäre ich verloren. Ich komme aus dem Hinterhof und mich interessiert das Hofzeremoniell keinen Deut. Ich suche nach Wahrhaftigkeit, nach der erdigen Würde, auch wenn man dabei den Kopf einziehen muss. Grad wenn man dabei den Kopf einziehen muss! Die Kühe sind doch angekettet, oder? Ich bin's, der Mann aus der Stadt! Lasst mich ein, lasst mich euer Hofnarr sein, für eine Nacht oder zwei …

VOM HEUSTADL NACH ATLANTIS

Brita Steinwendtner

Moosgrün, mistelgrün, steingrün, nebelgrün, schwarzgrün ... So habe ich es in der Erinnerung vor Augen. Der Tag ging zu Ende über den Wiesen des Rauriser Karkessels, hoch über dem Tal. Vögel sangen ihr Abendlied. In der Karalm brannte schon Licht. Die letzten Touristen längst auf dem Heimweg. Die Kühe waren gemolken, die Schweine gefüttert, auf den Weiden graste friedlich das Jungvieh, weithin schallten die Glocken und Glöckchen. Schon im Unwegsamen oben zogen die Schafe als weiße, bewegte Punkte zum Horizont. Ist alles gut, sagte Margot, die Bäuerin, lachend, dynamisch und mit einer Vitalität für drei.

In den Sommermonaten spielt sich das Leben des Heustadlbauern fast zur Gänze auf der 1 400 Meter hoch gelegenen Karalm ab. Sie wurde 1971 noch von den Großeltern zum Gasthaus ausgebaut, mit einem großen Saal für Festlichkeiten. Erich, der Bauer, Margot und eine Tochter der insgesamt vier Kinder führen heute die Almwirtschaft und den Gastbetrieb. Viele Produkte stammen aus eigener Herstellung, der Reichtum von Tieren, Wiesen und Wald lässt sich vielfältig nützen. Die Wildwochen im Herbst zum Beispiel sind berühmt und ob des großen Andrangs nur mehr mit Einladung zu genießen.

Mühsam hat sich das Paar die Grundlagen für den bäuerlichen Vollerwerb erarbeitet. 1985 haben Erich und Margot den Heustadlhof, der seit 1634 in Familienbesitz ist, übernommen. Das Anwesen hat eine lange, mitunter nicht lückenhaft dokumentierte Geschichte. Sie reicht fast 500 Jahre zurück und steht in Zusammenhang mit der benachbarten „Fürstenmühle", die 1565 errichtet wurde und dies mit der Wappentafel des Erzbischofs Johann Jakob von Khuen-Belasy anzeigt.

Der Hof soll von einem bayerischen Adeligen namens Freiherr von Heystadt gegründet worden sein, von dem sich wahrscheinlich auch der Name – „das Guet Heustadt beim Markte Gaißbach" (Gaißbach war die ursprüngliche Bezeichnung für Rauris) – herleitet. Der Hof soll als Salzdepot, vorübergehende Gerichtsstätte und altes Handelshaus gedient haben, zwei riesige Tore für Fuhrwerke und saalartige Räume zeugen noch davon. 1769 wurde eine Salpetersiederei eingerichtet.

Wie an wenigen Höfen sonst lässt sich am Heustadlhof die wechselvolle Geschichte des Raurisertales ablesen, vor allem aus der bewegten Epoche an der Wende vom Hochmittelalter zur beginnenden Neuzeit, als der Ort das „Güldene Stadtl" war und in der Hochblüte des Gold- und Silberbergbaus stand. Es war eine durchmischte Gesellschaft von Adel, Bürgertum, Gewerken, Handwerkern und Bauernschaft. Jede Schicht hat tiefe Spuren hinterlassen, die sich glücklicherweise oft bis heute an vielen Landschafts- und Gebäudedetails sowie in Archiven und Katastern ablesen und verfolgen lassen.

Auch zu welcher Zeit genau das stattliche Gebäude am oberen Dorfrand, das ursprünglich noch größer gewesen sein muss (zugemauerte Torbögen weisen darauf hin) zu einem Bauernhaus umgebaut wurde, ist nicht belegt. Die Steinmauern sind jedenfalls bis zu einem Meter dick, im Winter war das Haus selbst im 20. Jahrhundert kaum zu bewohnen. Es gab nur eine einzige Heizstelle, schlechte Sanitäranlagen, an den Wänden saßen die Eiskristalle. Die Zeichen der Zeit standen damals allgemein, nicht nur in den ländlichen Gebieten, auf Neubau – Erichs Eltern verließen das unwirtliche Haus, errichteten ein neues, übersiedelten ins Hellere.

Aber es kamen schwere Zeiten. Durch die globalen Veränderungen innerhalb der Landwirtschaft in den Jahrzehnten nach dem Zweiten Weltkrieg war der Hof nicht mehr gewinnbringend zu führen. Phantasie, Optimismus, Fleiß und Innovationskraft der jungen Hoferben waren Mitte der 1980er Jahre notwendig, um der wachsenden Familie den Unterhalt zu sichern. Erich und Margot siedelten zurück in das alte Gebäude, renovierten die kunstvollen Gewölbe, Räume, Böden und Fenster und modernisierten behutsam für ein zeitgemäßes Leben. Im geschmückten Herrgottswinkel in der gastfreundlichen Stube lesen während der Literaturtage seit mehr als drei Jahrzehnten die „Dichter auf Stör".

Hof-, Stall- und Wirtschaftsgebäude liegen heute wie ein Schmuckstück am Saum der ansteigenden Berge, die zum Gasteinertal hinüberführen. 70 Stück Rinder beherbergt der Hof, das ausgebaute Kleinkraftwerk am Gaißbach liefert 100KW/Stunde, so dass der Überschuss an die Salzburg AG verkauft werden kann. Zudem gibt es den Holzhandel, die Eigenjagd und – wie in wachsender Zahl auf anderen Höfen des Rauriser Tales auch – die Direktvermarktung selbst hergestellter Erzeugnisse. Während der Sommersaison ist einmal in der Woche großer Bauernmarkt auf dem Platz vor der Dorfkirche, ein Höhepunkt für Gäste aus dem In- und Ausland. Eine breite Palette wird von den Bäuerinnen angeboten, die Herstellung der Produkte ist arbeitsintensiv: Brot und Käse in vielen Formen, Bauernspeck aus Schulter, Bauch und Karree, geräucherter Rinderschinken, Marmeladen, Honig, Walnuss- und Zirbengeist, der berühmte Vogelbeerschnaps und Spezialitäten aus der Naturapotheke: Murmeltiersalbe, Propolistropfen, Johanniskrautöl ... Vieles mehr.

Auch der Heustadlhof ist nur in dieser Vielfalt und in der Kombination von Land- und Forstwirtschaft, von Gastbetrieb und Direktverkauf während des ganzen Jahres lukrativ zu führen, sagt Margot. Es bedeutet Arbeit von Sonnenaufgang oft fast bis Mitternacht, aber das geht hier im Tal den meisten so, sagt sie, und steht locker da in ihren Jeans, kastanienbraunes Haar, Heiterkeit in den Augen.

Wandel der Zeit, der Lebensformen und des Selbstverständnisses. Dahinter stehen Konsequenz und die Freude, alles, was seit Generationen überkommen ist, mit neuen Ideen anzureichern und weiterzutragen. Bauernleben ist keine Idylle und kann nicht für Heimatkitsch dienen. Manches Schicksal in den Bergtälern zeigt es: Verkauf, Abwanderung und Ermüdung; vor allem ältere Hofbesitzer fühlen sich den bürokratischen Anforderungen der notwendigen EU-Subventionen nicht gewachsen und lassen sich durch komplizierte Vorschriften für Änderungen in Stall, Schlachtung und Raumwirtschaft entmutigen; viele Höfe haben keine Erben, die die Plagerei übernehmen wollen, und die Jungbauern finden oft keine Frau, die Bäuerin sein will.

Im Raurisertal, so hat man den Eindruck, scheint der Optimismus noch nicht verloren zu sein. Vielleicht ist er ansteckend und einige Vordenker streuen ihn über die Hänge und in die Köpfe der Zweifler. Vielleicht ist er durch eine gute Gemeindeverwaltung und hervorragende Schulen gestärkt. Aber es ist, selbst unter diesen Vorzeichen, schwer, die Abwanderung gerade der begabten Jugendlichen einzudämmen. Es gibt zu wenig interessante und gut bezahlte Arbeit, keine Industrie, kaum Managerposten außer im Tourismus. Sollen die Bergtäler nicht entvölkert oder nur Diener des Fremdenverkehrs werden und viele Fertigkeiten und zahlreiche Wissens- und Erfahrungsfelder nicht verloren gehen, bleibt vor allem die bäuerliche Lebensform Garant und Hoffnung für die Zukunft. Unlängst griff eine Tageszeitung in ihrer Überschrift einen der vielen Aspekte heraus: „Nur eine intakte Umwelt produziert Nahrung, die wir wirklich essen wollen."

Der Bauer erntet, was er sät. Dieser Spruch ist, in Leinen gestickt, in manchen Stuben zu lesen. Aber, sagt der Heustadlbauer, das kann noch nicht alles gewesen sein. Der Hof soll später in bestem Zustand in der Familie übergeben werden. Danach jedoch, sagt er, muss noch etwas anderes kommen. Er möchte, ergänzt Margot, das versunkene Atlantis suchen, Ausgrabungen machen und das Reich der alten Ägypter studieren – denn für Träume lohnt es sich zu leben.

56

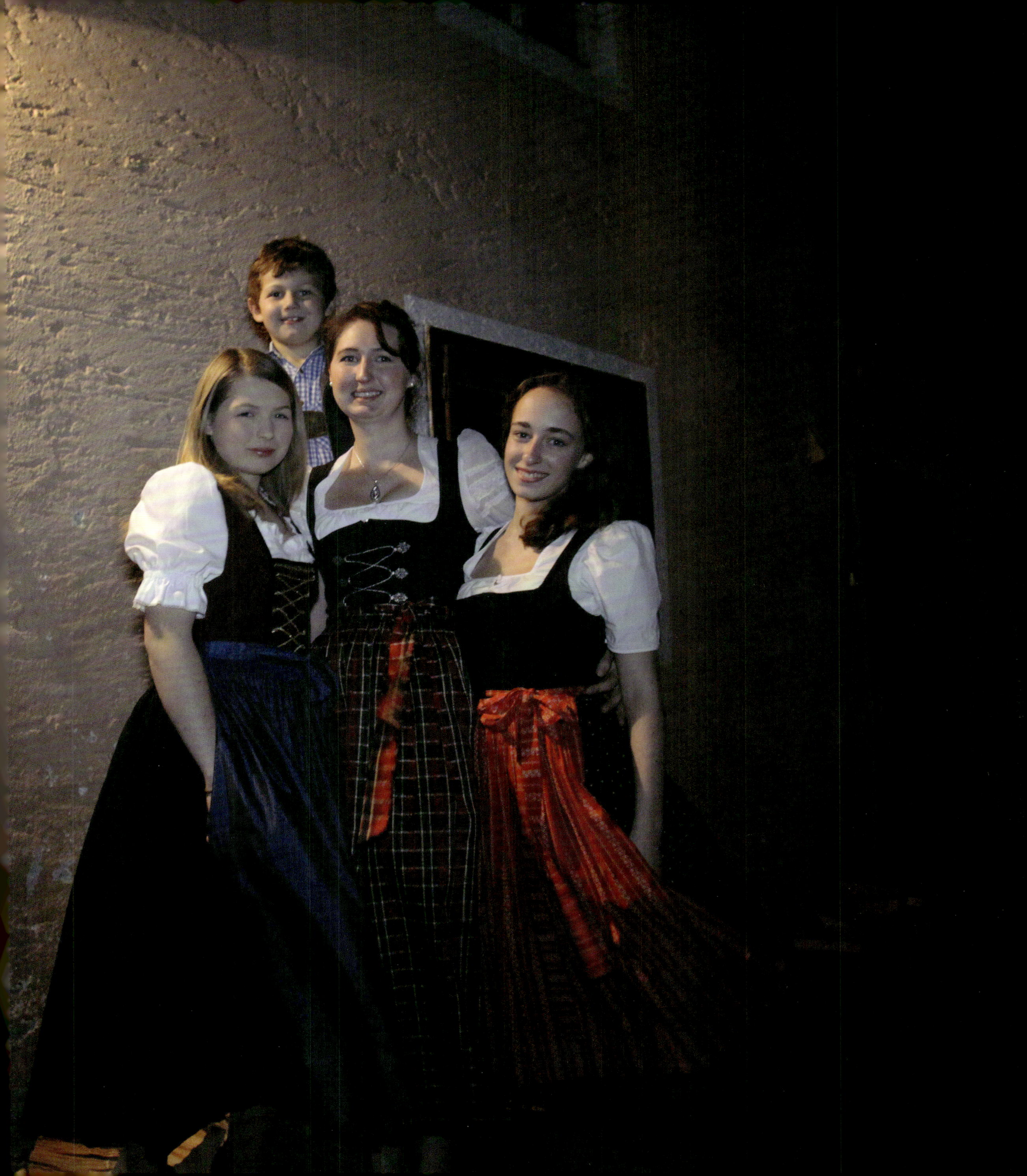

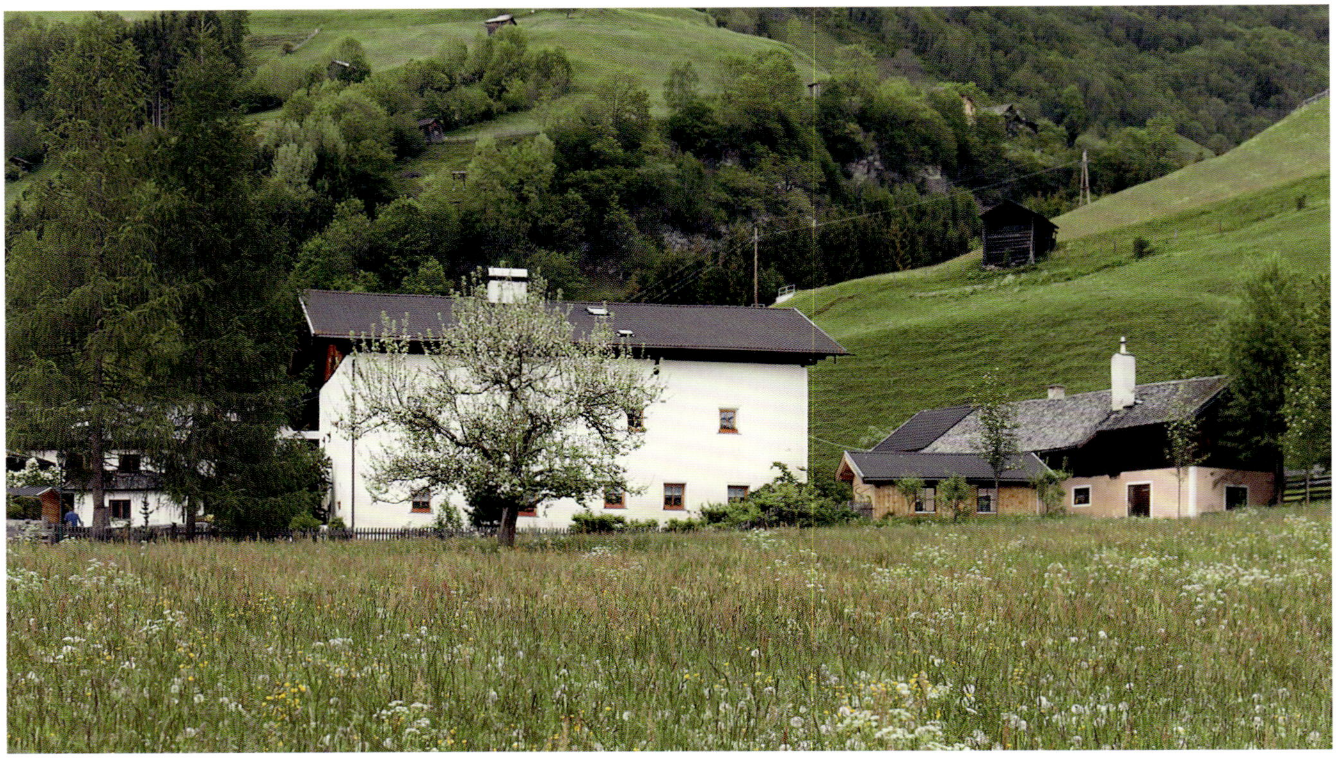

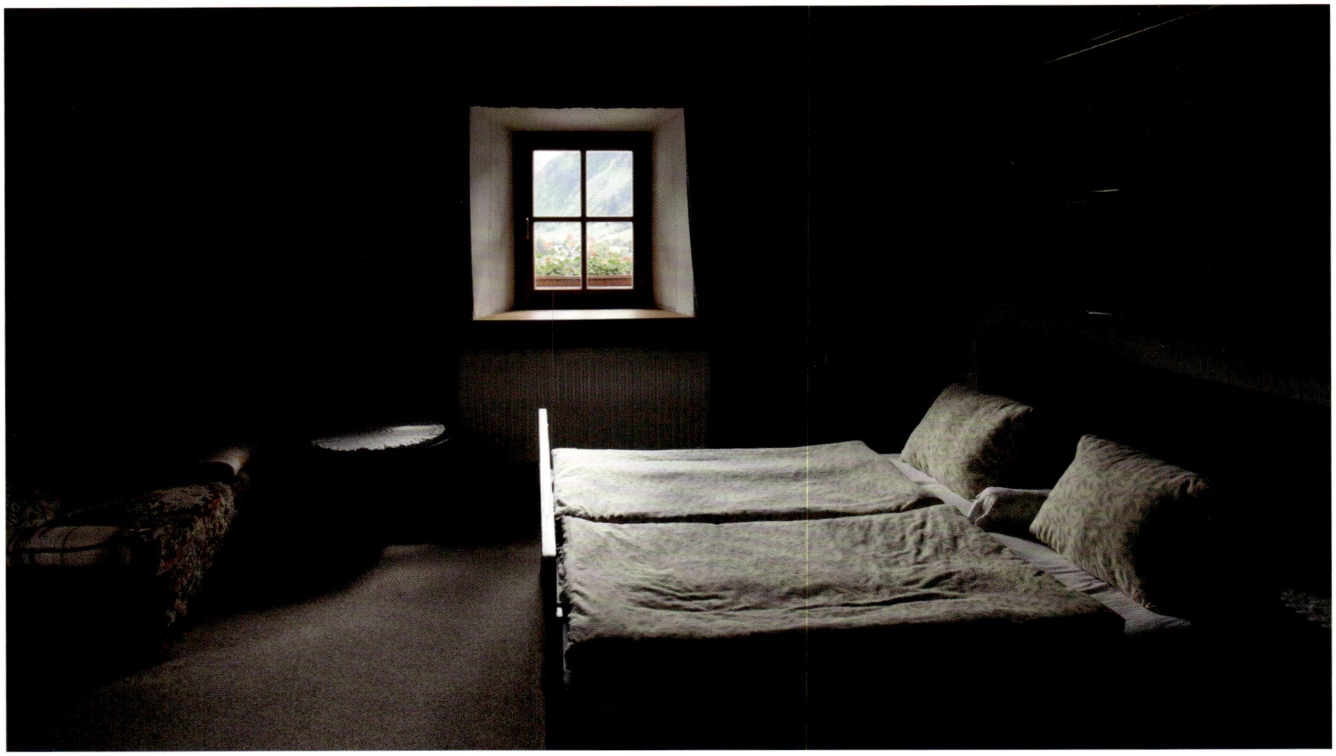

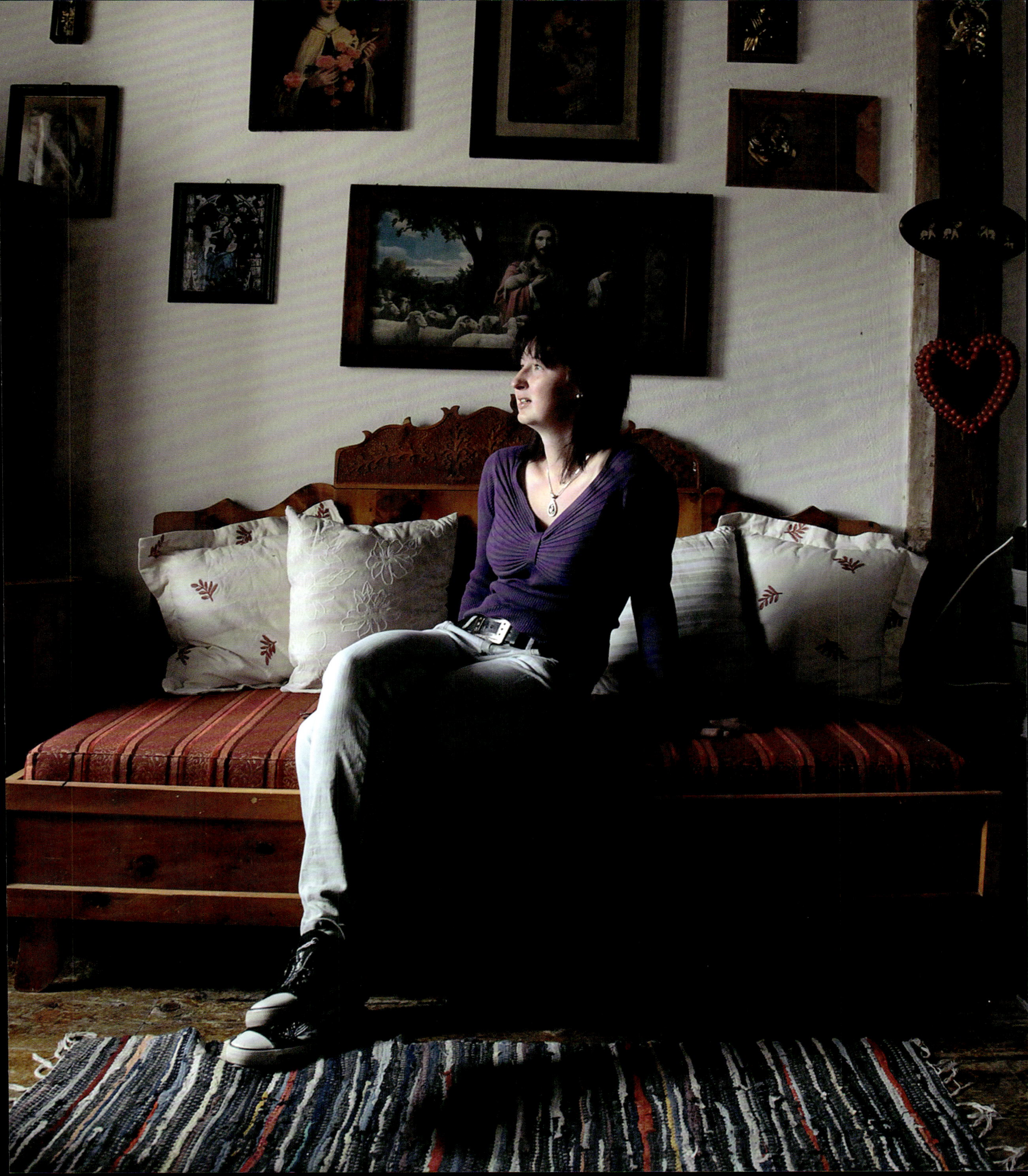

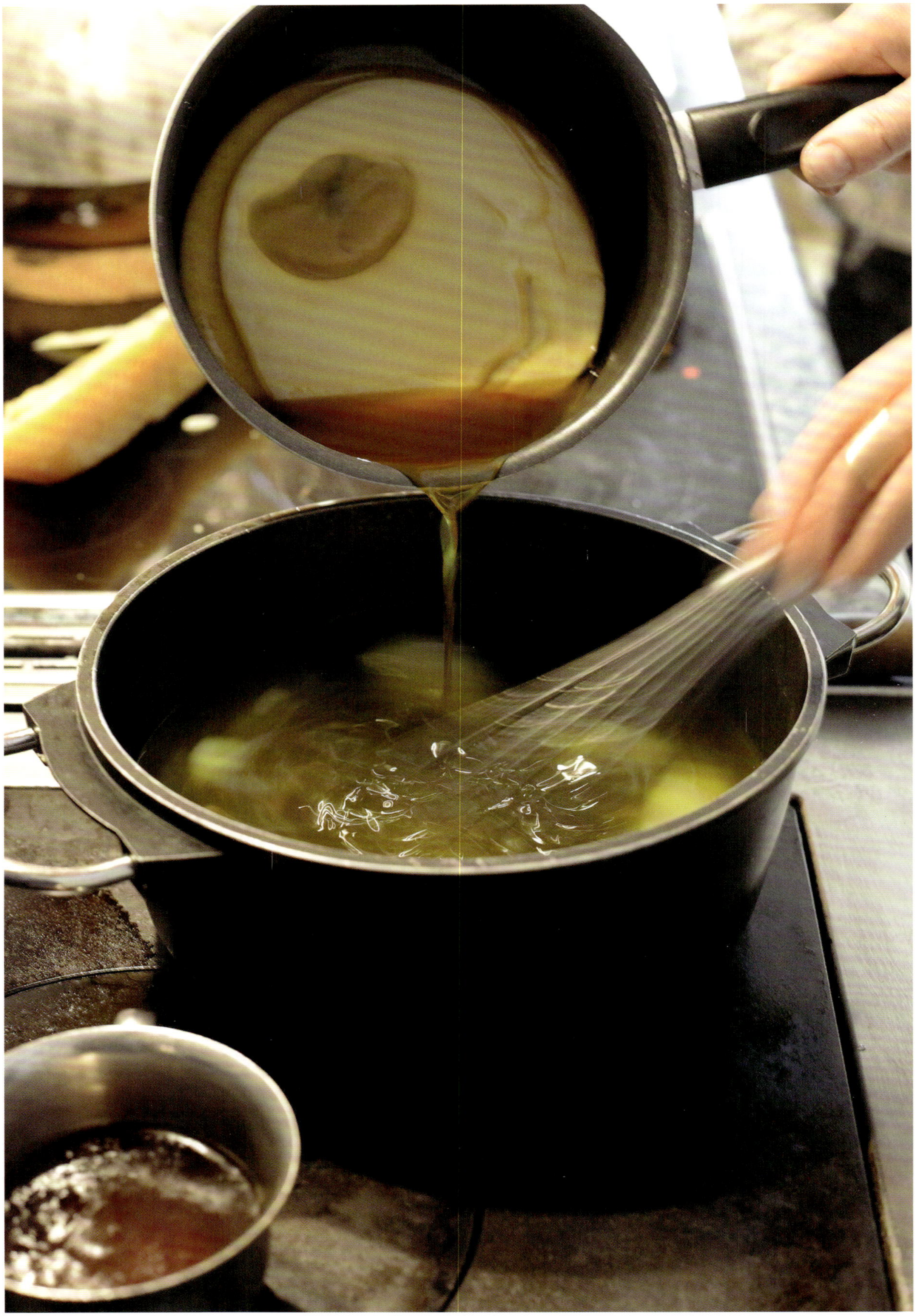

61

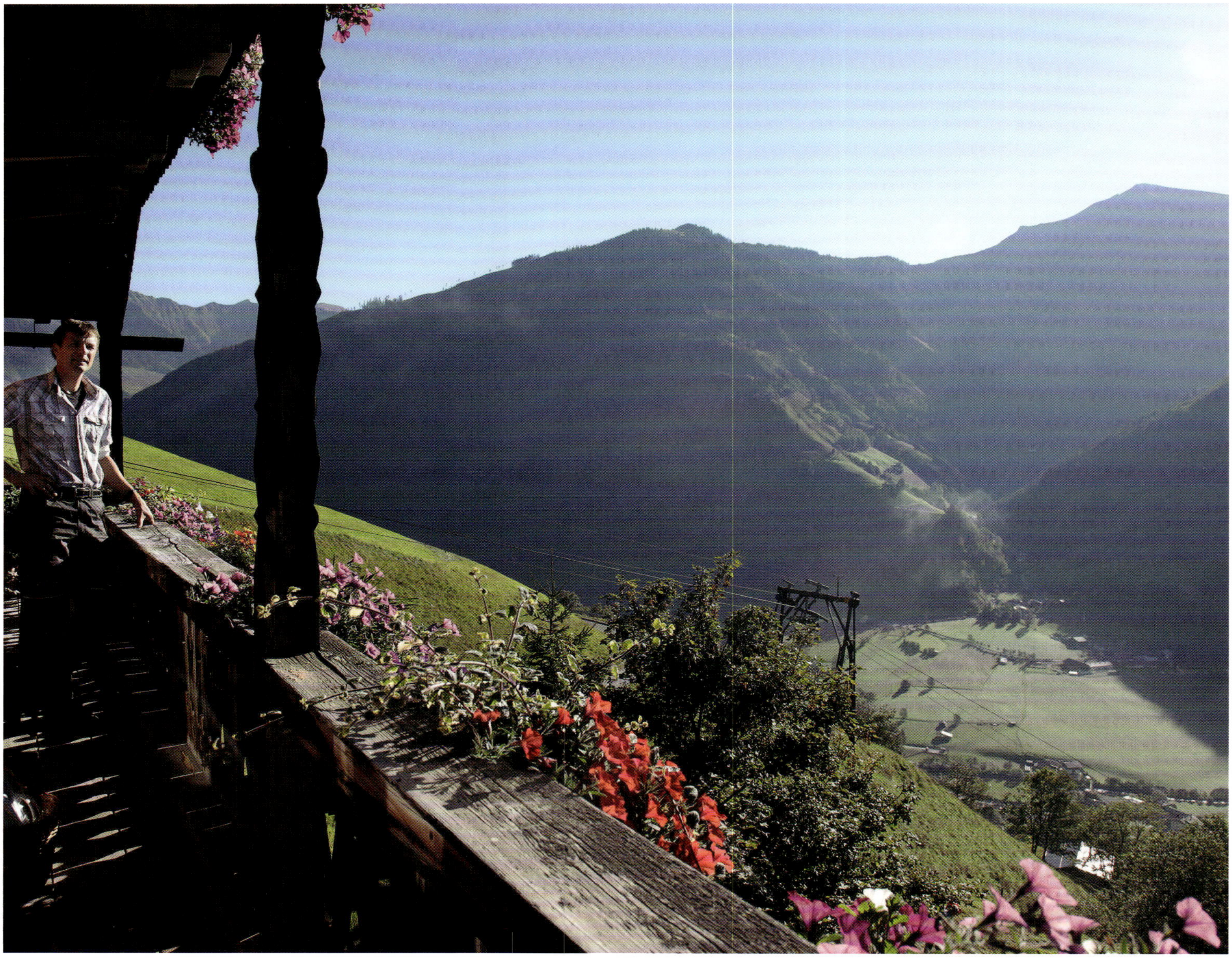

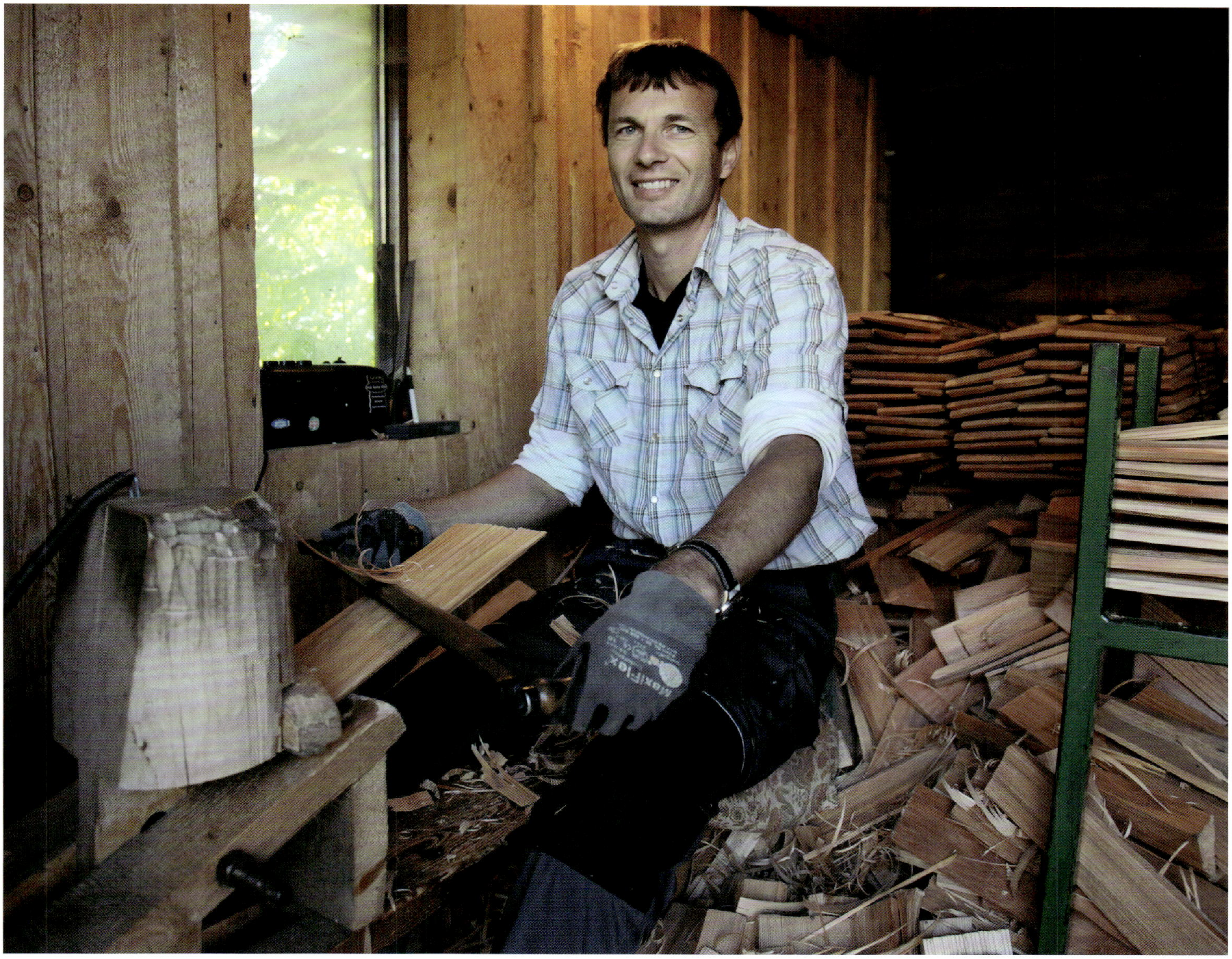

RAURIS, EINE STIMMUNG

Barbara Frischmuth

Es gibt eine Reihe von Veranstaltungen, ob sie sich nun Symposium, Literaturtage oder -festival nennen, bei denen man Kolleginnen oder Kollegen treffen, ihnen beim Lesen ihrer neuesten Texte zuhören, mit ihnen diskutieren, essen, trinken und feiern kann, aber Rauris war und ist (vielleicht noch immer) mehr.

Ob die Berge, das enge Tal, eine gewisse geographische Abgeschiedenheit dazu beitragen, dass man trotz regen Zulaufs das Gefühl hat, unter sich zu sein, ich weiß es nicht. Woran ich mich vor allem erinnere, das sind die vielen Begegnungen, Gespräche und Eindrücke, immerhin war ich insgesamt dreimal eingeladen. Ganz zu Anfang, als Peter Handke noch selbst aus seinen Büchern las und Hilde Spiel überall zugegen war, wo es um neue Literatur ging, und dann noch zweimal an die dreißig Jahre später, als Brita Steinwendtner übernommen und den Rauriser Literaturtagen mit ihren Ideen wieder neues Leben eingehaucht hat.

Besonders gemocht habe ich die Gespräche über die Kindheit mit verschiedenen Autoren, die es meines Wissens in dieser Form sonst nirgends gab, aber auch die Begegnungen im kleinen Kreis, wenn die Autoren „auf Stör" geschickt werden wie mittelalterliche Handwerker und in Privathäusern und Bauernhöfen lesen und reden, oder bei den Frauen in der ausgebauten Scheune, wo es ein großes rundes Brot zum Mitnehmen gab, gewickelt in ein blaues Geschirrtuch (habe ich noch immer), aber auch jene nicht endenwollenden Diskurse beim Wein oder abends an der Bar im Hotel, bei denen ich auch Ilija Trojanow kennenlernte und, und, und …

Das alles zusammen ist für mich Rauris, das heißt die Rauriser Stimmung. Und die bleibt im Gedächtnis, auch über die Jahre hin, selbst wenn einem die Namen der Wirtshäuser und der vielen Teilnehmer nicht mehr gleich einfallen.

DIE RAURISER BÜCHERZWERGE

Katja Oskamp

(Rede zur Verleihung des
Rauriser Literaturpreises 2004)

Sehr geehrte Damen und Herren,
an einem Abend im Dezember rief mich mein Verleger Egon Ammann an und teilte mit, der Rauriser Literaturpreis würde in diesem Jahr an mich gehen. Ich freute mich so sehr, dass ich in wilden Pirouetten durch die Wohnung sprang. Meine Tochter Klara, die über einem Ausmalbuch in der Küche saß, sah besorgt auf und fragte, was denn bitteschön mit mir los sei.
Ich kriege einen Preis!, rief ich.
Klara ließ die Malstifte fallen und hüpfte mit mir zusammen um den Küchentisch. Vermutlich dachte sie an Kaugummis, Luftballons oder Glitzerlippenstift, wie sie bei Kindergeburtstagen dem Sieger der Stuhlpolonaise zuteil werden.
Erzähl mir von dem Preis, sagte Klara.

Rauris ist ein kleiner Ort in den Bergen, fing ich an. Er liegt in einem schönen Tal, und rundherum leuchten hohe Berggipfel. Wenn der erste Schnee fällt, bricht in Rauris eine stille Zeit an. Bald sind Tal und Berge von einer weißen, weichen Decke überzogen, und es scheint, als würde darunter alles schlafen.
Doch versteckt in winzigen Hütten, deren Dächer sich unter der Last der Schneedecke biegen, wohnt ein besonderes Völkchen. Es sind die Bücherzwerge. So heißen sie, weil sie von Büchern nie genug kriegen können. Die Bücherzwerge sind klein und vom guten Essen kugelrund, sie haben buschige, graue Bärte, und ihre Nasen sind von der Schneekälte und vom Schnaps ganz rot und knollig geworden. Diese Nasen sind sehr praktisch, denn auf ihnen halten die Brillen gut, die ein jeder der Rauriser Bücherzwerge im Gesicht trägt.
Die Bücherzwerge brauchen ihre Brillen dringend, denn sie tun den ganzen Winter über nichts anderes als lesen. Viele Monate lang hocken sie tief über Bücher gebeugt. Nicht ein einziger Zwerg lässt sich unter dem Rauriser Winterhimmel blicken. Aus den Hütten jedoch dringt mitunter – wenn man die Ohren aufs äußerste spitzt und die Augen aufhält – Seltsames hervor: Hier ist ein Kichern zu hören, da ein Raunen, dort ein Seufzen. Dann wieder wackelt ein schiefes Dächlein und Gelächter ist

zu vernehmen. Drinnen hält sich der Zwerg den Bauch und kriegt sich nicht mehr ein. Andernorts jault es, schluchzt es und wimmert herzzerreißend. Wenig später fließt unter der Hüttentür ein Rinnsal aus Tränen hervor und gefriert zu Eis.

Sobald es zu tauen beginnt und das erste frische Grün im Tal sprießt, schlägt die Stunde dreier sehr wichtiger Bücherzwerge. Sie heißen Roman, Hubert und Konstanze und haben in ihrem Leben so viele Bücher gelesen wie niemand anders. Die drei bilden die Jury. Mit ernsten Mienen nehmen sie auf einem Baumstumpf Platz. Die übrigen Zwerge trollen sich geschwind ins Freie. Sie blinzeln in die Frühlingssonne und stellen sich in einer langen Schlange vor dem Baumstumpf und der Jury an. Geduldig und der Reihe nach hört die Jury jeden einzelnen Zwerg an. Er schildert die besten Stellen aus dem Buch, mit dem er den Winter verbracht hat, spielt die spannendsten Szenen vor und verweist mit dem Finger auf die prachtvolle Gestaltung des Einbands. Roman, Hubert und Konstanze nicken mit den Köpfen, machen sich Notizen oder runzeln die Stirnen. Hat auch der letzte Zwerg vorgesprochen, ziehen sich die drei zur Beratung zurück.

Es ist schon dunkel geworden, wenn die Jury endlich mit strengen Gesichtern auf den Baumstumpf zurückklettert und vor die spannungsgeladenen Zwerge tritt. Roman, Hubert und Konstanze räuspern sich. Eine andächtige Stille schwebt über dem nächtlichen Tal und den Köpfen der Rauriser Bücherzwerge. Mit einer Mischung aus Stolz, Rührung und Erschöpfung verkündet die Jury, welches Buch den Sieg davongetragen hat und preisgekrönt wird. Da bricht ein Jubel unter den Zwergen aus. Sie fallen einander in die Arme, küssen sich auf die roten Knollnasen, werfen sich gegenseitig in die Luft. Sie polieren ihre Brillen blitzeblank, sie verzieren ihre Bäuche mit samtenen Bauchbinden, sie flechten sich Frühlingsblumen in die grauen Bärte.

Und dann tafeln die Rauriser Bücherzwerge ein köstliches Essen auf, sie stoßen mit Schnaps an und feiern ein rauschendes Fest, das vier Tage und vier Nächte lang dauert. Dazu laden sich die Zwerge all jene Dichter ein, die die Bücher vollgeschrieben haben, und lauschen mit Wonne, wenn die Dichter aus den Büchern vorlesen. Denn die Rauriser Bücherzwerge sind ein besonderes Völkchen, eines, das von Büchern nie genug kriegen kann.

Sehr geehrte Damen und Herren, ich bin – wie Sie richtig vermuten und wofür ich um Nachsicht bitte – im Flachland aufgewachsen. Die kommenden Tage werde ich mit Freude nutzen, um mein Bild von Rauris der Realität anzupassen. Für meine Tochter Klara jedoch gehören die Rauriser Bücherzwerge inzwischen fest zum allabendlichen Geschichten-Repertoire, da lässt sich nichts mehr machen.

Ich danke Ihnen für die Verleihung des Rauriser Literaturpreises. Sie wissen, wieviel Mut einem aus einer solchen Anerkennung zuwächst. Ich werde weiter schreiben, und Sie – insofern ist auf die Bücherzwerge schon Verlass – werden bestimmt weiter lesen.

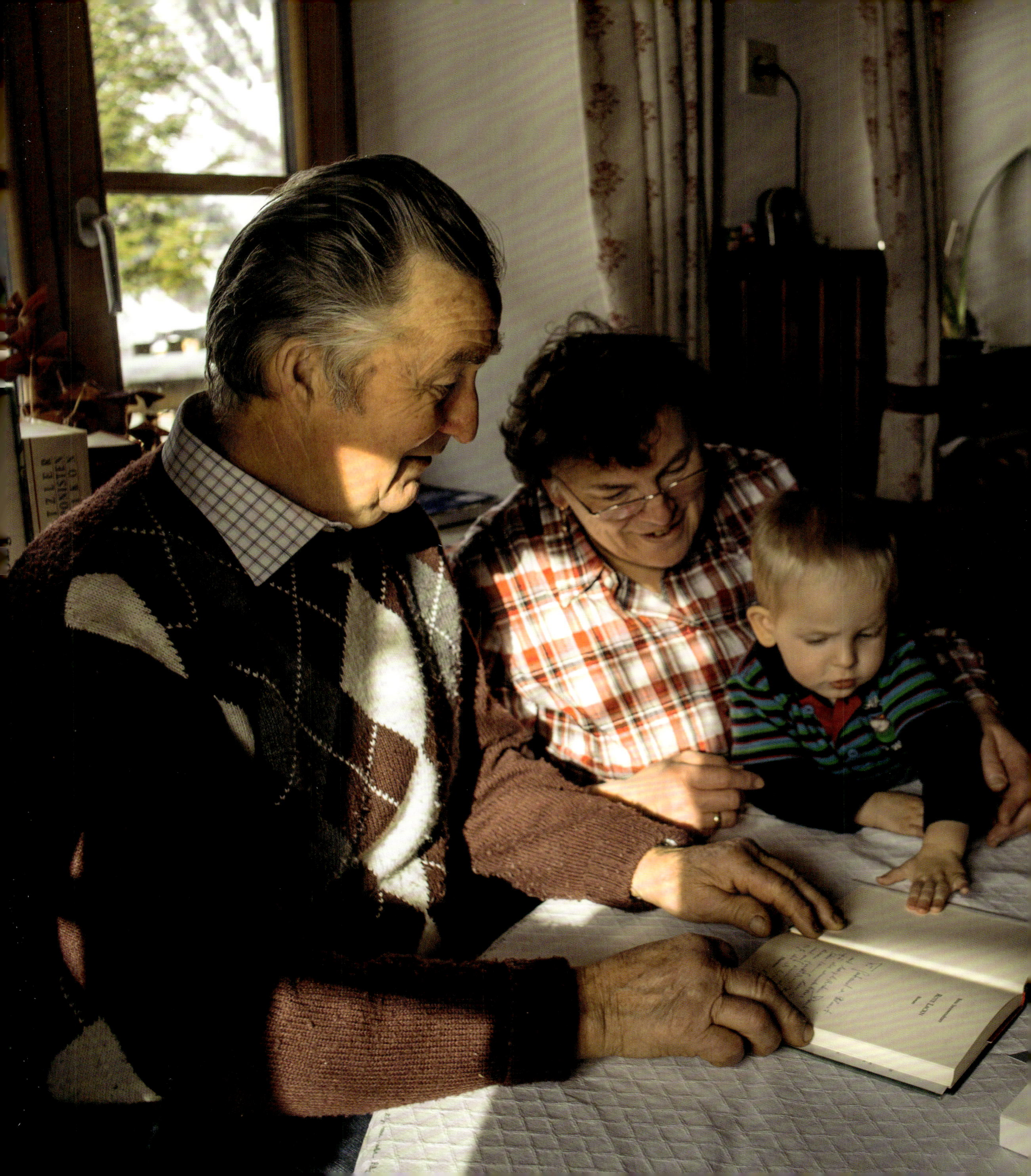

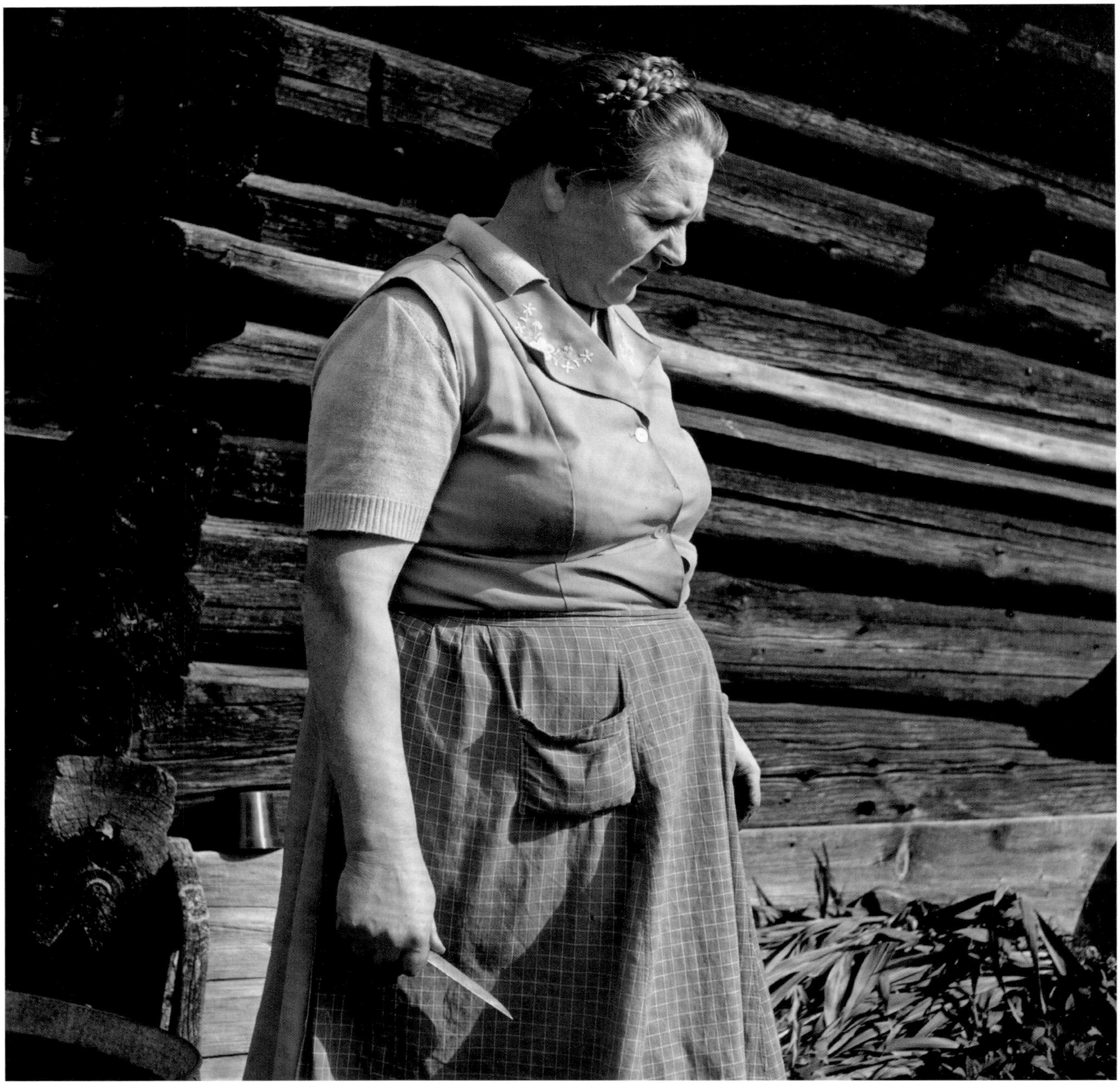

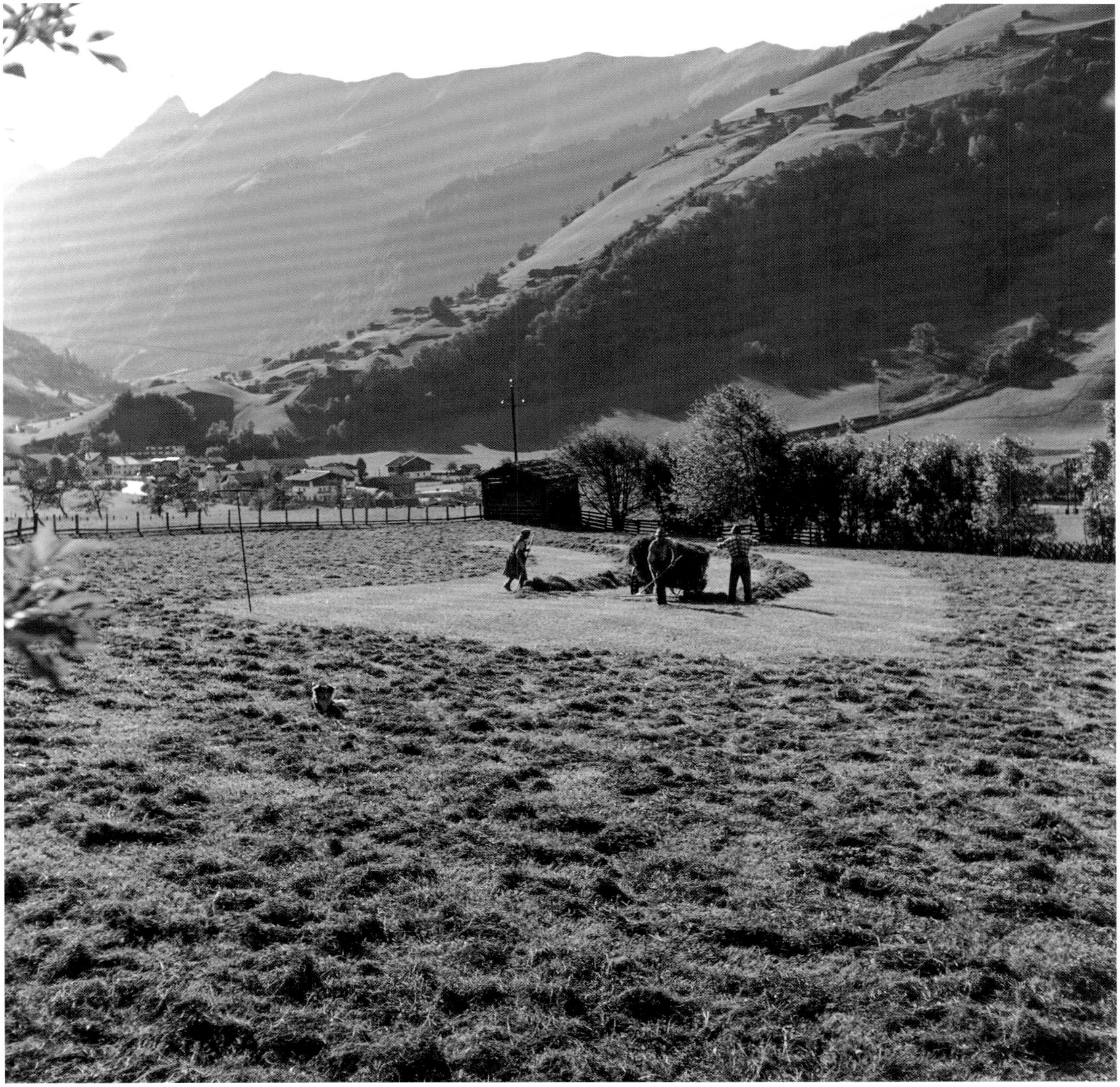

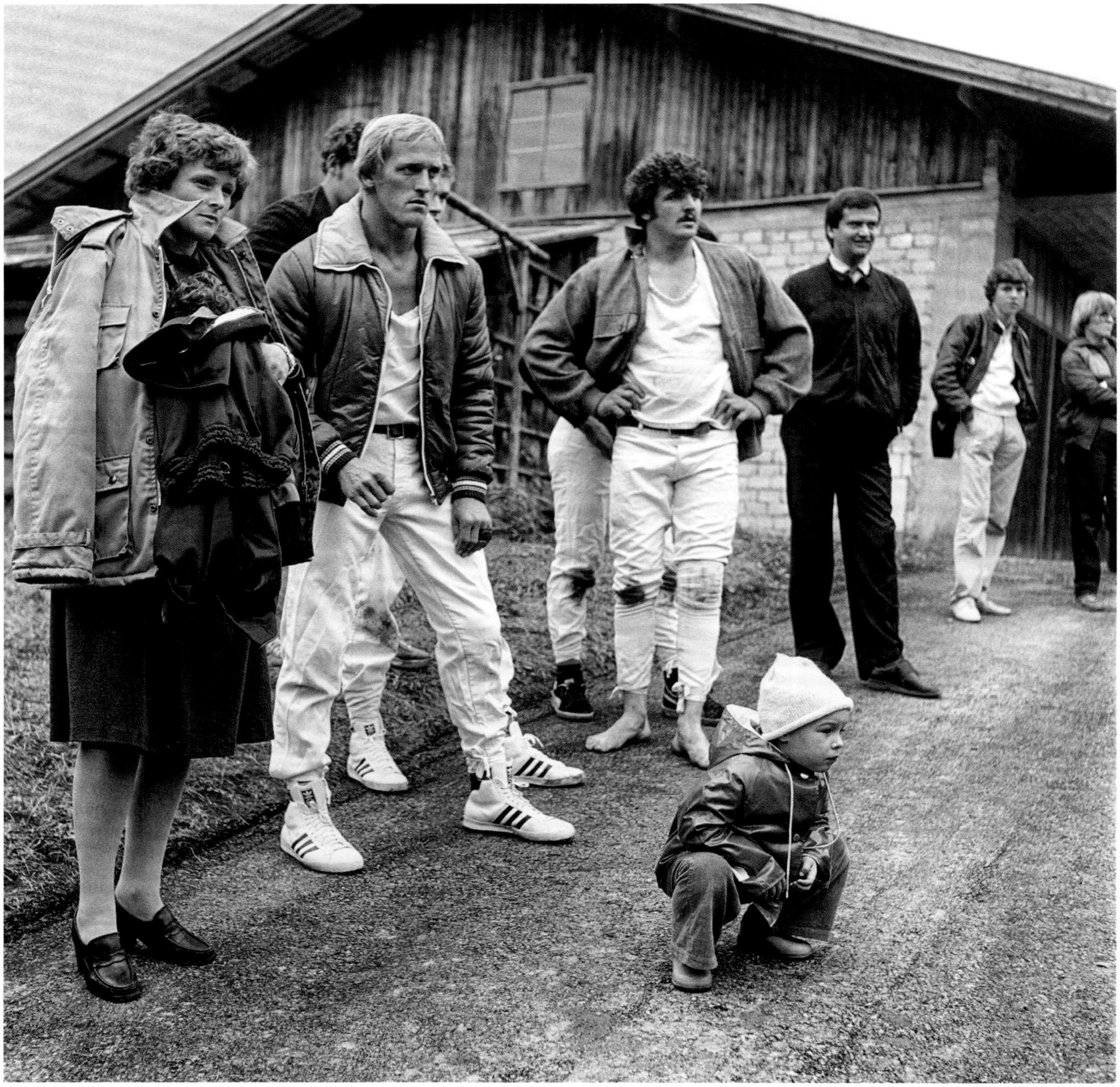

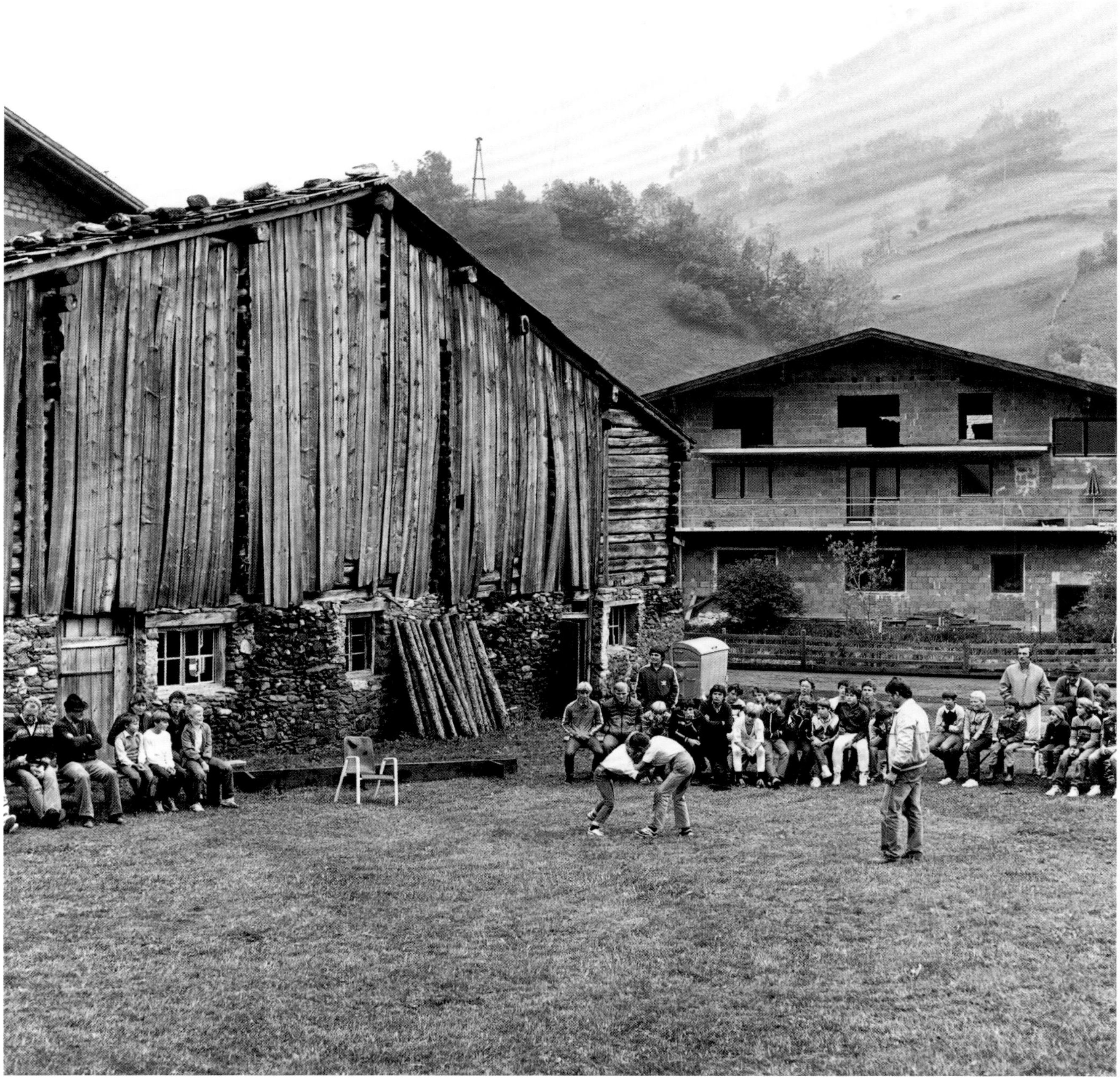

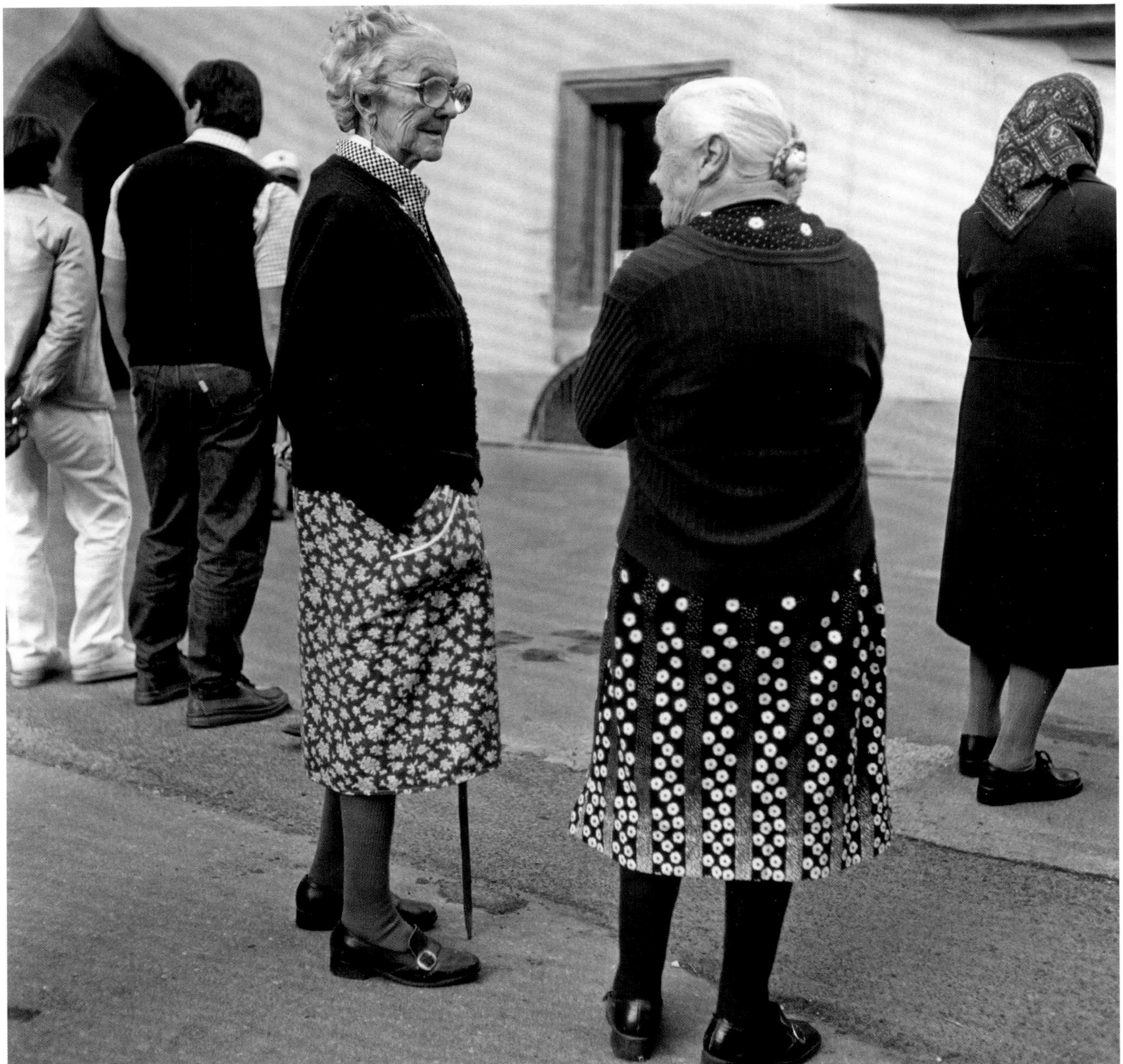

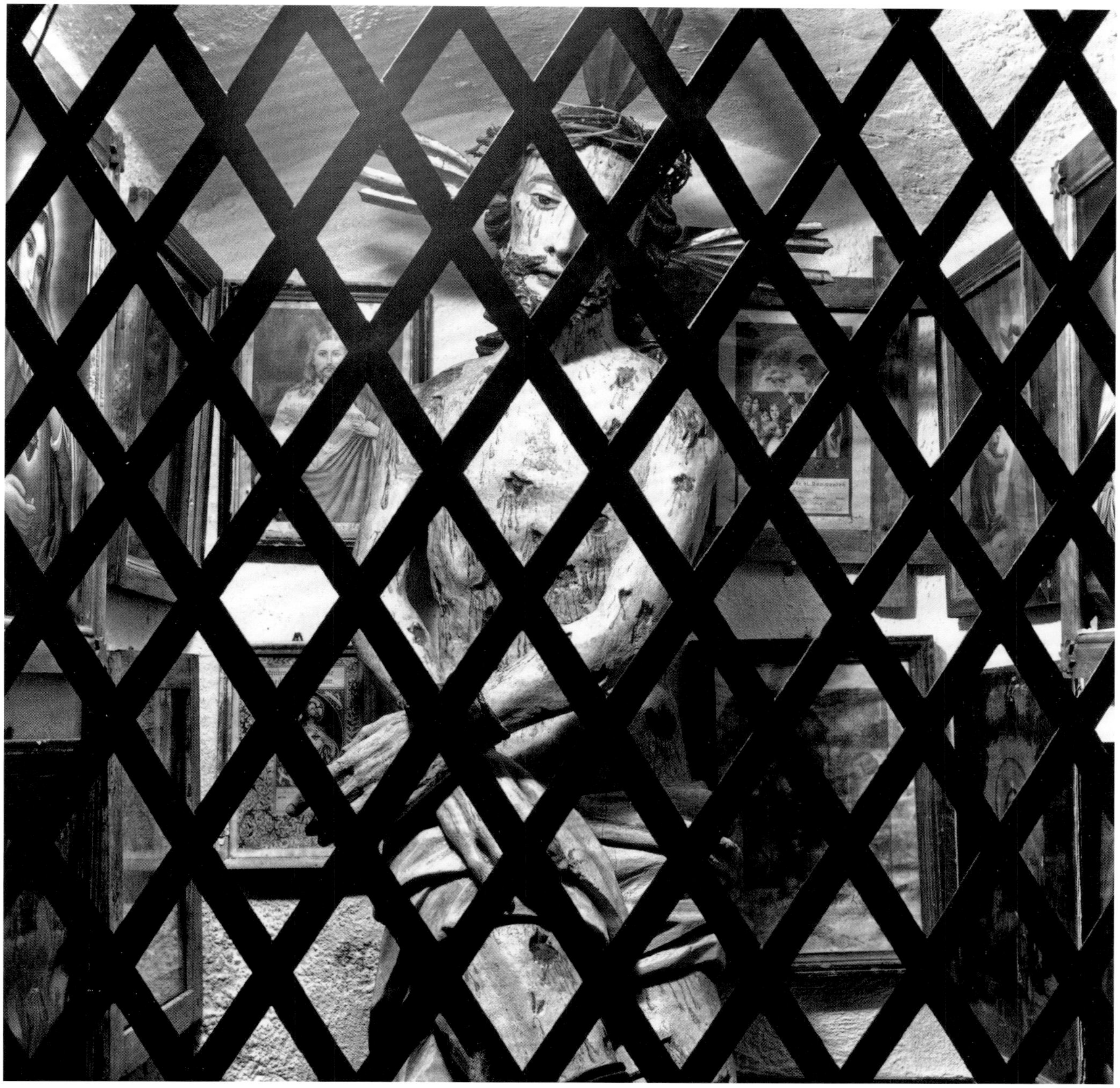

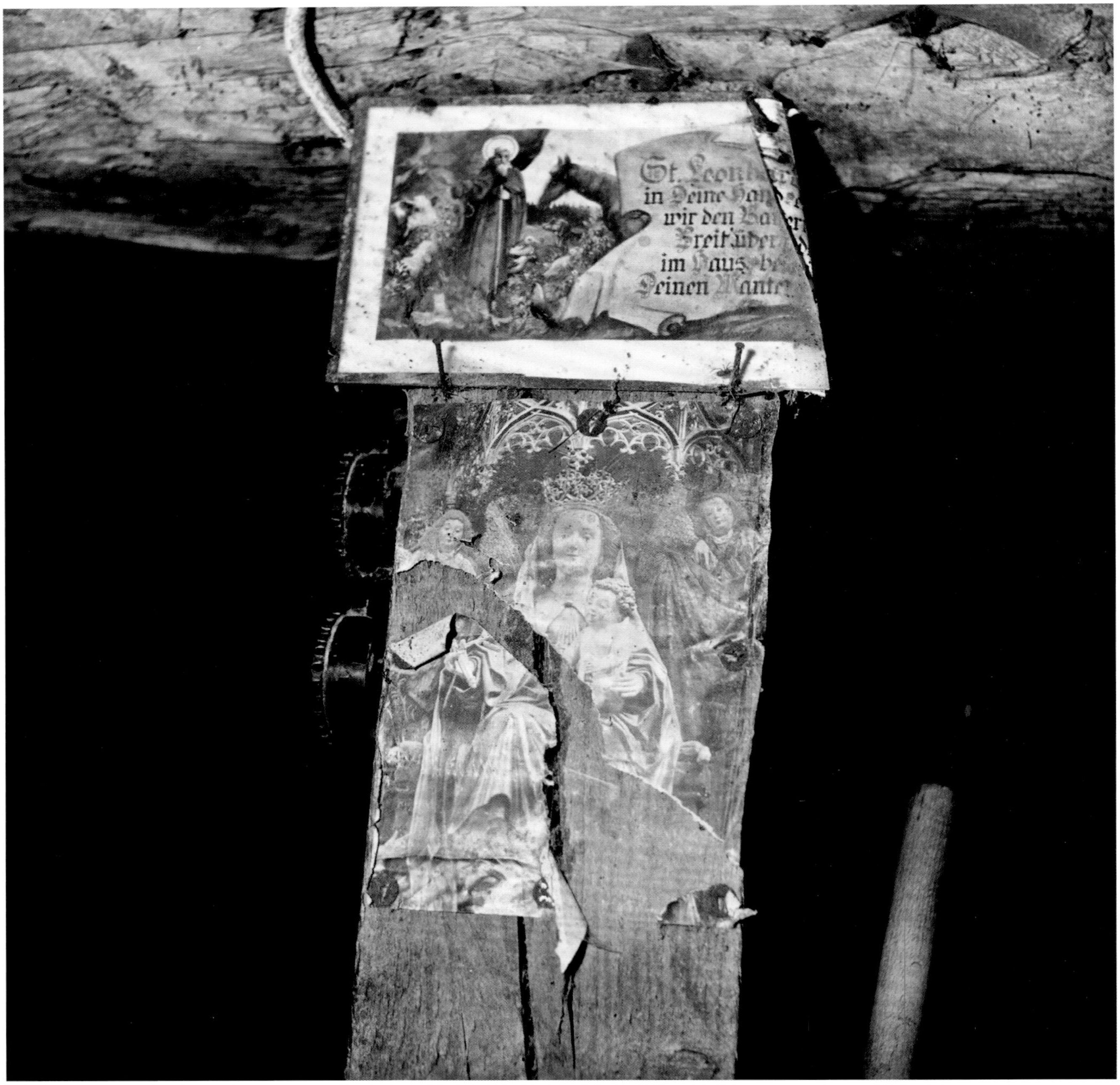
in Deine
wir den
im Haus
Deinen

75

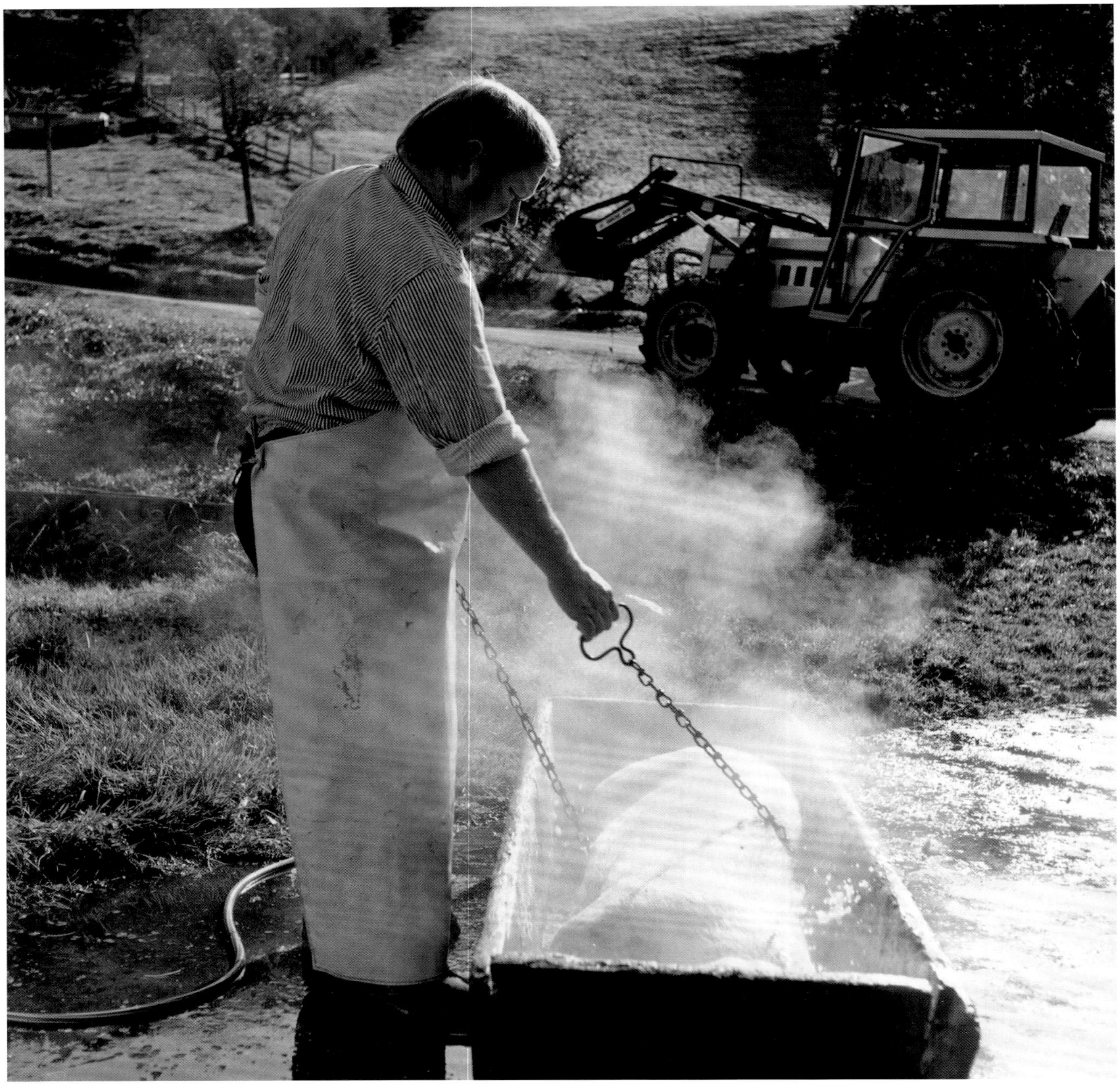

77

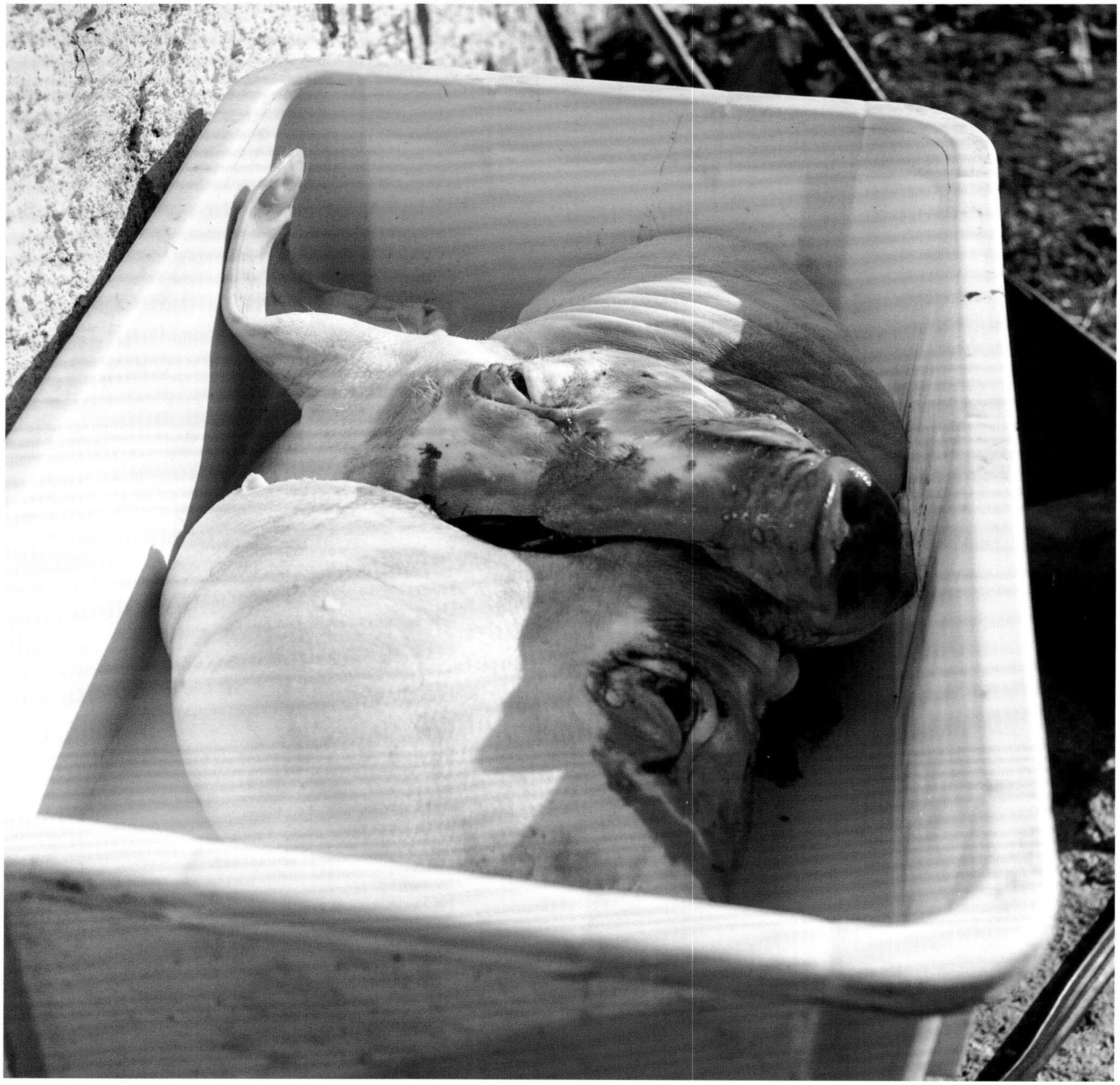

79

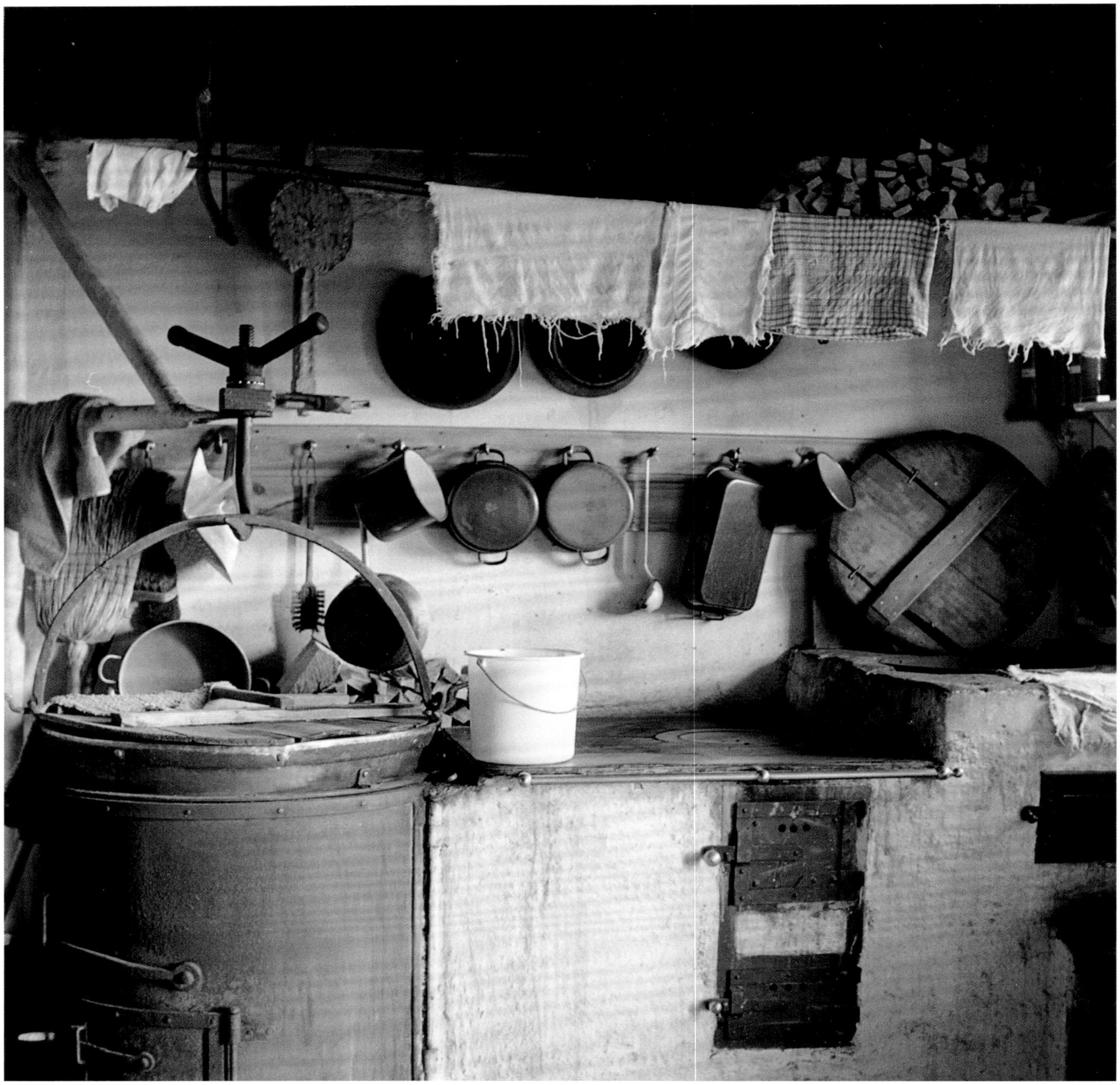

81

DAS STEINERNE GLÜCK

Thomas Lehr

Seit beinahe fünfzig Jahren gehe ich in die Berge. Dabei bin ich gar kein Alpinist. Sondern Großstädter. Also sehne ich mich lieber in der Großstadt nach den Bergen als umgekehrt und ich lebe so urban und wohne so weit von den Bergen weg, dass es mich schon wundert, weshalb ich mich sehne, da ich – anders als die wahren Alpinisten – kaum einen ernsthaften Gipfel bestiegen oder eine nennenswerte Wand durchstiegen habe. Wenn mir in einem Jahr eine mehrtägige Hüttentour gelingt, bin ich schon fast zufrieden, und wenn ich zwei oder drei Jahre hintereinander am Bergfuß scheitere, weil es in der einzigen Woche, die ich mir für eine Tour reservieren konnte, regnet, hagelt, blitzt und schneit, ändert sich meine grundsätzliche Begeisterung für das Gebirge kaum.

Nun sind mir zu viele Touren gelungen, um die Sehnsucht allein auf ihre produktivste und vornehmste Wurzel, die Unerreichbarkeit des Ziels, zurückzuführen. Also wären es die Hüttenabende, die halsbrecherischen Steige, die Geröllhalden, die Blumenwiesen, die Gletscherseen, die Murmeltierpfiffe und Adlerrufe, wenn es schon nicht die Gipfelbucheinträge auf den schroffsten Zinken sind, die mich jedes Jahr aufs Neue in meinen Karten und Bergführern kramen lassen? Addieren wir die Bergluft, den Duft von Heu, den flüssigen Kristall eines Baches, in den man das Gesicht und die erhitzten Arme taucht. Reicht das für die Begründung einer jahrzehntelang anhaltenden Begeisterung aus? Eine professionelle Alpinistin, die in kürzester Zeit im Alleingang die Eiger Nordwand durchstiegen hatte, wurde von einem Journalisten gefragt, was das Schönste an ihren extremen Touren sei. Die Kühe auf den Almen sagte sie, ohne einen Augenblick nachzudenken.

Die Kühe auf den Almen, nachdem sie die Nordwand durchstiegen hatte, möchte ich als Sehnsuchtsforscher präzisieren. Denn das Hornvieh, gesehen mit dem erfüllten Blick der Bezwingerin, ist ein anderes Wesen als das des vorüberschlendernden Sesselbahntouristen. Durch die vorangegangene Leistung und Verausgabung wurde es semantisch potenziert, zwischen arglosen Blümchen steht gewissermaßen nun die geladene Kuh, über den Gipfeln kreist der sinnbeschwerte Adler, das Murmeltier strotzt nicht nur vor faktischem, sondern auch vor allegorischem Fett als bepelzte Ode an die Freuden des mümmelnden Nichtstuns in den Augen des erschöpften Kletterers. Die Aufladung des Idylls, die aus der bloßen Riesenpostkarte der Landschaft ein verlockendes, magnetisch anziehendes mythisches Steinrelief macht, ist ein entscheidender Aspekt des Bergsteigerglücks. Wer ihm auf die Schliche kommen will, muss stets zwei korrespondierende Fragen beantworten, die sich auch vor jeder einzelnen Bergtour oder zu Beginn eines jeden Tourentages stellen: Was ist der Berg und wer bist Du?

Alles vermeintlich Objektive am Gebirge hängt nämlich in der Alchimie der Sehnsucht von der Art ab, in der man sich in ihm bewegt. Weil die Berge zwischen Rauris und Lhasa, Sonnblick und K2 etwas Mächtiges, Ungeheures und Tödliches sein können, ist es wichtig, sich für ein bestimmtes Niveau, einen beherrschbaren Schwierigkeitsgrad zu entscheiden, wenigstens für eine gewisse Zeit oder im Rahmen einer bestimmten Unternehmung. Während meiner Studienzeit, als ich die ersten selbständigen Touren unternahm, fragte mich ein alpin gänzlich unkundiger, um nicht zu sagen verständnisloser Berliner Nachbar, was ich denn mit meinem prallen Rucksack in den Bergen tagelang täte oder tun wolle. Dramatisches Wandern, erwiderte ich spontan – und dabei ist es in der Regel denn auch geblieben.

Es begann mit meiner ersten Tour mit sieben oder acht Jahren, als ich in meiner dafür geschaffenen Lederhose in einem Kuhfladen landete und in einem Geröllfeld eine Bauchlandung hinlegte, bei dem Versuch, elegant wie die Erwachsenen mit den Stiefelabsätzen abzufahren. Die Wanderung führte in vier Tagen durchs Karwendel, und ich habe meine gute und vernünftige Patentante mit hartnäckigem Protest gequält, weil sie sich weigerte, mit mir auf den Wörner zu klettern, den wir umrundeten, und der als nicht unschwierig gilt. Womöglich war sie es, die mir als Erste erklärte, dass es auf die Gipfel nicht ankäme – und womöglich habe ich es auch damals schon geglaubt. Denn meine Proteststimmung war wie weggeblasen, als wir über den Wörnersattel und die Soiernspitze zu den an zwei kleinen jadegrünen Seen in einem tiefen Felsenkessel liegenden Soiernhäusern hinabstiegen.

Einfach nur wandern, mit Gehzeiten zwischen fünf und acht Stunden, in grandiosen Landschaften – was braucht man mehr? Hin und wieder verspürte ich Tendenzen, ein Berggeher zu werden, der im Unterschied zum gemeinen Wanderer auch schwierige Steige und Gipfelanstiege meistert, bei denen man Orientierungsvermögen, Schwindelfreiheit und Trittsicherheit benötigt und möglichst ungerührt auch ausgesetzte Kletterpartien in Kauf nimmt. In einigen wenigen Fällen habe ich es mit der Dramatik übertrieben und musste froh sein, mit heiler Haut davonzukommen. Aber im Wesentlichen ist es bei zivilen Touren geblieben und mehr brauchte es nicht, um den Bogen der Sehnsucht zu spannen.

Die Gipfelerlebnisse selbst sind nicht ausschlaggebend, denn oft ist es ganz oben recht ungemütlich, weil es stürmt oder gar schneit oder zu viel Nebel, zu viele Alpinisten oder zu viele hungrige Bergdohlen einem den Spaß verderben oder auch die eigene Nervosität, die nach einem schwierigen Aufstieg lieber auch rasch den Abstieg bewältigen möchte. Da sitzt man dann oben und hat keine Zeit. Allerdings gibt es auch die traumstillen, windstillen Momente, in denen man mit einem Dreihundertsechzig-Grad-Rundblick bei wolkenlosem Himmel sphärisch enthoben wie ein Astronaut über die Gebirgswelt hinsieht und die beinahe surreale Atmosphäre von Weite und panoramischer Vielfalt nicht fassen kann.

Für das Glücksgedächtnis ist wohl entscheidend, es mit eigener Kraft geschafft zu haben, hinaufgekommen zu sein im Schweiße seines Angesichtes.

Der Leistungsaspekt, geht es nun auf den Großglockner oder das Matterhorn, ist ein untrennbarer Anteil des Bergsteigerglücks, solange man eben steigt, hinauf oder hinab. Und es bleibt Glück, wenn man die Doppelfrage Was ist der Berg und wer bist Du?, mit der Sinatra-Maxime beantworten und also sagen kann: I did (and do) it my way. Dann macht es nämlich keinen Unterschied, ob man sein Glück in der Eiger Nordwand oder auf einem lauschigen Grasbuckel im Voralpengebiet gefunden hat. Um den eigenen Weg herum, und mit jedem der Wege sich vertiefend und verstärkend, fügen sich die Einzelaspekte des Wanderer-, Kletterer- oder Bezwinger-Glücks zum Tableau der Sehnsucht zusammen. Das Bergglück ist die Erfahrung der gelungenen Kombination von selbst gewählter Bewegungsform mit den Eigenheiten der alpinen Welt.

Man kann das Besondere der Gebirgslandschaft übrigens noch besser fassen, wenn man sie einmal sehr unromantisch als bloße Anhäufung gewaltiger Steinmassen begreift. Das könnte ernüchternd klingen, aber genau darin liegt das Faszinosum. Denn die Formation, durch die man sich in den nördlichen Kalkalpen oder den Dolomiten auf elementare Weise (zu Fuß, wie schon der Ötzi) bewegt, existiert nahezu unverändert seit der letzten massiven eiszeitlichen Einwirkung vor zwei Millionen Jahren.
Vor über einhundertdreißig Millionen Jahren wurden die Gesteinsmassen, die das Gebirge ausbildeten, durch die Kontinentalverschiebung aus dem afrikanischen Raum herantransportiert und in einem ungeheuren Crash mit der europäischen Erdkruste aufgefaltet. Noch älter, wenigstens dreihundert Millionen Jahre alt, ist das Gestein selbst. Die Romantik des Bergsteigens ergibt sich bei einem solchen geologisch-quantitativen Blick gleichsam in Reinform. Der Berg ist Stein. Stein ist fassliche Ewigkeit. Das Glück liegt schon allein darin, sich ganz nach Lust und Laune durch eine Formation der Ewigkeit bewegen zu dürfen. Dieser Zusammenklang ist im Grunde so stark, dass einige wenige Tage im Jahr genügen, um sehn-süchtig zu werden. Aber was mich, wenn es mit dem Steigen mal wieder nicht klappt, tröstet, ist doch auch eine eigentümliche mineralische und soziale Verwandtschaft zwischen der großen Stadt und dem Gebirge: die Steinmassen, die relative Einsamkeit und Anonymität, die Vielfalt autonomer Bewegungsmöglichkeiten, die einen sagen lassen könnten, Stadt- und Bergluft machten frei.

ZWISCHEN ERDE UND HIMMEL

Brita Steinwendtner

„Mag kommen was wolle wir bleiben der Scholle Vasall und König "

Durch das steingefasste Rundtor das uralte Gewölbe des Schütthofs betretend, kann der Wanderer zu seiner Linken diesen Spruch lesen. Die Worte sind erst vor einigen Jahren in das Holz geschnitten worden. Aber sie sagen aus, was bestimmend war und immer noch ist für diesen Hof und für viele andere durch die Jahrhunderte: der Scholle zu dienen und zugleich auf ihr König zu sein. „Unentfremdete Arbeit" würde man heute sagen.

Der Schütthof ist einer der ältesten Höfe im Gemeindegebiet von Rauris. Er liegt am Eingang des Seidlwinkltales, auf dem traditionsreichen Handelsweg über die Hohen Tauern. Schon Kelten und Römer sind hier über das Gebirge gezogen, wertvolle Fundstücke zeugen davon. Auf der Maschlalm zum Beispiel wurde ein keltischer Halsreifen gefunden, der aus der Jüngeren Eisenzeit stammt und dessen Kopie im Rauriser Talmuseum, das von Siegfried Kopp liebevoll geleitet wird, zu bewundern ist. Das Original liegt im Halleiner Keltenmuseum. Auch Silbermünzen aus spätgriechischer und eine Herkulesstatue aus römischer Zeit gab die Erde frei, ebenso ein Bronzeschwert um 1300 vor Christi Geburt.

1466 ist das Anwesen „Zur Schütt" zum ersten Mal urkundlich erwähnt, seine Gründung liegt weiter zurück. Fast immer in der wechselvollen Geschichte seines Bestehens war es Bauerngut, Wirtshaus, Säumerstation und Pferdewechselstelle. Hier, so wie weiter draußen im Tal beim Andrelwirt in Wörth, machten die Säumer oder Samer mit ihren Waren Rast, stärkten sich und die Rösser, stellten die Fuhrwagen in der Samerhütte ein, deren Fensterformen heute noch den spätmittelalterlichen Ursprung zeigen, legten sich auf Stroh oder Heu zur Nacht. Schwer beladen sind die Rücken der Männer gewesen – 1 Sam war rund 50kg! –, schwer beladen auch die eigens dafür geländegängig gezüchteten Pferde. Der Weg war steil und steinig, ging fast bis auf 2 500 Meter hinauf. Die Waren wurden von Süd nach Nord transportiert, von Italien ins Salzburgerland und weiter bis Böhmen, zur Nord- und Ostsee und in umgekehrter Richtung in den Süden, bis Friaul und Venedig: Gewürze, Wein, Öl, kostbare Stoffe, Salz, Pelze, Häute, Leinwand und Kupfer ...; Weg auch für revolutionäre Gedanken, Hoffnungen und manche Liebschaften.

Viele Tragödien haben Haus und Hof und Tal getroffen: Unglücksfälle, Kriege, Hungersnöte, Lawinen und Dürre, auch Missgunst, Neid, Verrat. Die Archive sind voll von Geschichten. Auch Anton Huber, der alte Schütthofbauer, der bald 85 Jahre alt wird, kann manches erzählen. Eine der vielen Geschichten bewegt ihn heute noch: Sein Großvater, der aus Osttirol hierher eingeheiratet hatte, wurde sein Lebtag lang als Eindringling und „zuagroaster Fremder" gesehen. Als er die auf dem Anwesen lastenden, mitgeerbten Schulden zurückzahlen wollte, verweigerte man ihm in Rauris finanzielle Hilfe. Um ein Uhr nachts brach er daraufhin vom Hof auf, steckte ein Stück Brot ein, trank unterwegs von den klaren Bächen, ging übers Gebirge – niemals darfst du dich hinsetzen, sagte er sich – und erreichte nach sechzehn Stunden Lienz in Osttirol, trank ein Viertel Wein, kam in sein Vaterhaus. Einer seiner Onkel, der nach Montevideo ausgewandert war, stand ihm gut, so dass die Lienzer Sparkasse auf Grund eines Schätzgutachtens Kredit gewährte.

Anton, der heutige Altbauer hingegen, meist nur der Schütter genannt, ist ein hoch angesehener Mann. Er hat sich die Achtung erworben, es war nicht immer so. Kurz nachdem er 1962 den Hof übernommen hatte, zerstörte ein Jahrhundert-Hochwasser Weiden, Wiesen und das seit 1919 bestehende E-Werk an der Ache, das den Hof autark mit Strom versorgte. So musste auch er damals um einen Kredit oder um Landeshilfe betteln gehen – umsonst, trotz des Riesenbesitzes. Musste schließlich die große Alm und die Jagd verkaufen. Ein deutscher Chemiker erwarb sie, der angeblich seinem Chef mit der Erfindung von Niederdruck-Polyethylen zum Nobelpreis verholfen hatte.

In einem langen Leben, in dem er mitunter ungewöhnliche und mutige Entscheidungen traf, hat sich der Schütter zu einem der Honoratioren des Ortes emporgearbeitet. Vielfach eingebunden in das Leben und Wirken der Gemeinde, musste er oft drei Mal am Tag ein neues Gwand anlegen, um allen Anforderungen nachzukommen:

Frühfutter mähen, Sensen dengeln, Rösser, Rinder, Schweine, Schafe und Ziegen im Stall oder auf den Weiden betreuen, Getreide säen, Erdäpfel einlegen, Zäune spannen, Maschinen reparieren, Gemeinderats-Sitzung, Wirtshaus, Feuerwehrübung, Getreide schneiden, Heu einführen, Gäste bewirten, Dach ausbessern, Weiden, Grummet, Holzarbeit, Almabtrieb, Molkereiverband usw. , und dazwischen immer wieder von neuem Stall, Holz, Gras, Heu, Gaststube ... Eine 70- bis 80-Stunden-Woche, oft mehr.

Nach dem Krieg war Anton Huber auf einem großen Gut in der Schweiz gewesen, wäre gern dorthin zurückgekehrt, wenn er Geschwister gehabt hätte, die den Hof hätten übernehmen können. Seine Frau Maria, die ihm elf Kinder schenkte und noch im Alter eine Schönheit war, war als Lehrmädel auf den Hof gekommen, hatte beim Eder in Salzburg-Parsch kochen gelernt, war Sennerin in Viehhofen und ging 1954 für ein Jahr nach Schweden, um Neues kennenzulernen, bevor sie die Liebe ins Rauristal zurückbrachte. Alles haben wir gemeinsam besprochen, geplant und erarbeitet, sagt der Schütter, sie war mein größtes Glück.

Beide waren sie aus dem Tal hinausgekommen, hatten gesehen, dass alles auch anders gehen kann, wussten daher, dass man nichts beim Alten belassen muss und dass das Gerede, dass etwas unmöglich sei, für sie nicht gelte. So haben sie den bäuerlichen Besitz über alle wirtschaftlichen Krisen hinweg erhalten und gemehrt, ihn durch Gasthaus, Fremdenzimmer, Mühle, Sägewerk und wiederaufgebautes E-Werk ergänzt und gefestigt. Einen Spruch von Winston Churchill, sagt der Schütter, hätte er sich angeeignet: dass man nicht jeden Fehler selber machen müsse. Ein belesener, hoch gebildeter Mann – ich habe ihn mit Rudolf Bayr draußen am Feld über griechische Philosophie diskutieren gehört und während der Literaturtage mit Raoul Schrott im Herrgottswinkel der lärchenvertäfelten Gaststube über die keltische Sprache, die wahrscheinlich im Rauristal einmal heimisch war.

Heute sind die Jungen in der Verantwortung. Landwirtschaft, Restaurant und Gästepension sind aufgeteilt, zur Gänze im Familienbetrieb. Die Küche ist weithin berühmt, im Gemüsegarten an der südlichen Stallwand wachsen Salat, Karotten, Fisolen, Paradeiser, Rauner, Kraut, Zwiebeln und Petersil, die Zäune sind gezogen, die Wiesen, auch auf den Zulehen, gemäht, die Wälder durchforstet.

Tüchtige Männer, resolute Frauen, die dritte, jetzt schon die vierte Generation wächst heran, alle verstehen sich, greifen in der Arbeit Hand in Hand. Einige der Geschwister haben andere Berufe erlernt, Hotelrezeptionistin zum Beispiel, Krankenschwester in einer Intensivstation, Lehrerin in einer Krankenpflegeschule und der älteste der Brüder ging für zwanzig Jahre als Computerfachmann nach Johannisburg in Südafrika und übersiedelte schließlich nach Tampa in Florida.

Alle kommen sie gerne wieder heim. In dieses uralte Haus mit den ineinandergreifenden Spitz- und Tonnengewölben, den bildreich verzierten Bauernmöbeln, die meist als Brautgut in das Haus kamen, kunstvoll gewebten Fleckerlteppichen, den Riemlingböden in den Stuben und mit Wandmalereien, die aus dem Jahr 1628 stammen, so alt wie der Salzburger Dom. Küche und Sanitäranlagen sind modernisiert, der Zauber der Tradition jedoch liegt über allem, still, unaufdringlich, gegenwärtig wie das Glück eines zeitlosen Augenblicks. Draußen rauscht der Bach, singen die Vögel, muhen die Rinder, leuchtet der Schnee des Großglockner-Massivs. In der Hauskapelle, die der Heiligen Maria geweiht ist, werden Kreuzwegandachten gehalten und wird der Oktober-Rosenkranz gebetet, zwei Mal im Jahr ist Heilige Messe. Und noch ein Spruch ist im Haus ins Holz geschnitzt:

„ Herr Du öffnest Deine Hand und füllest was da lebt mit Segen "

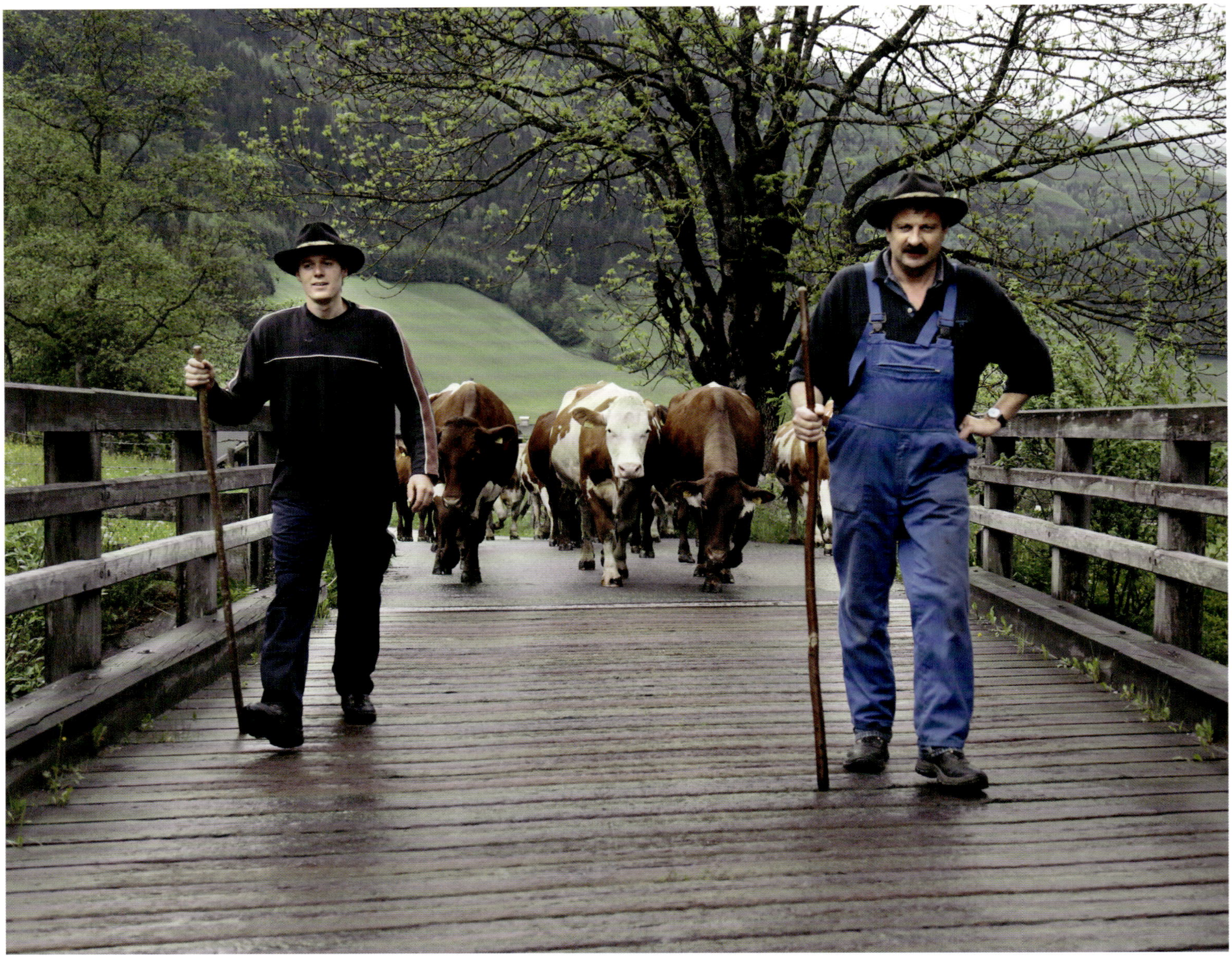

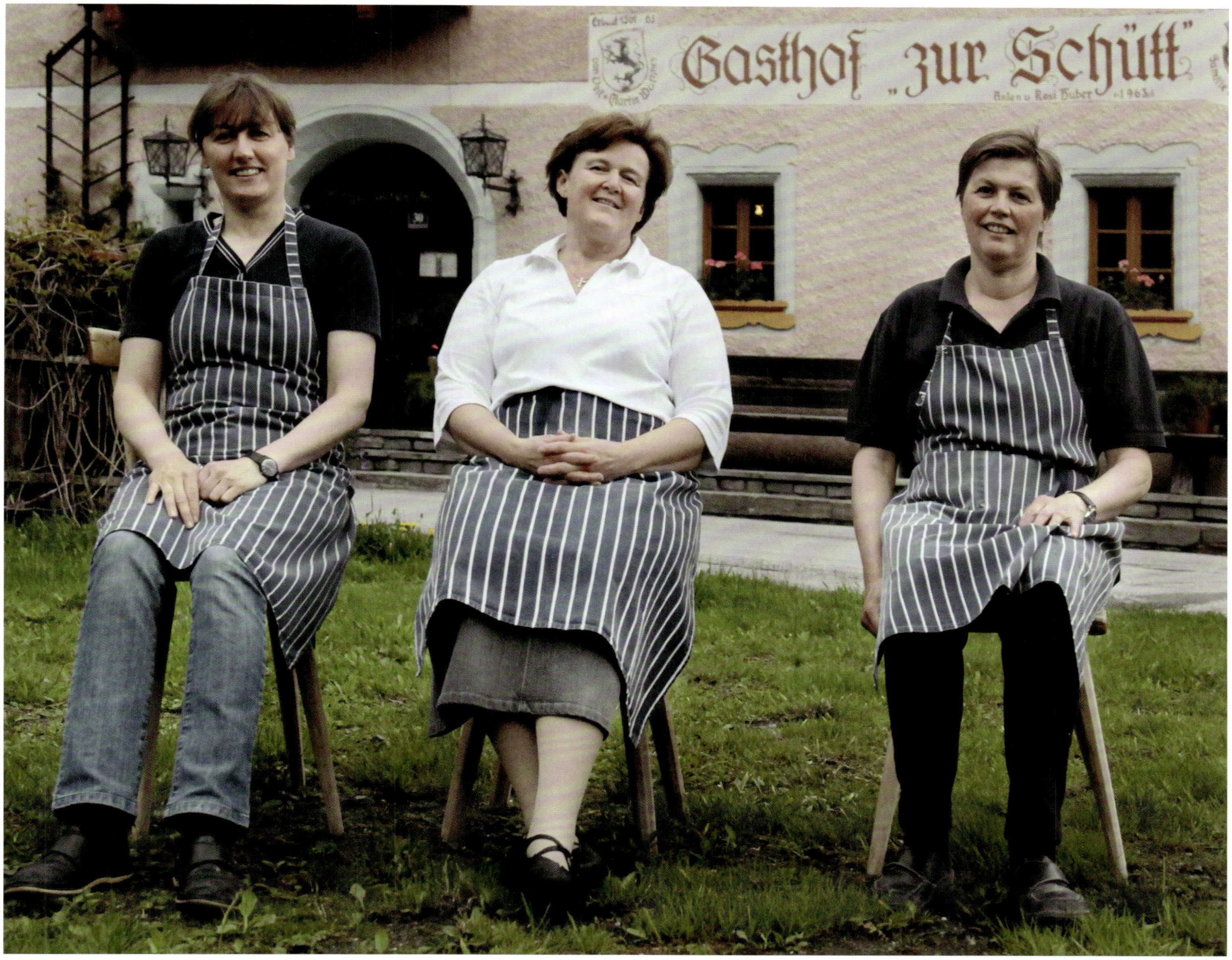
Gasthof „zur Schütt"

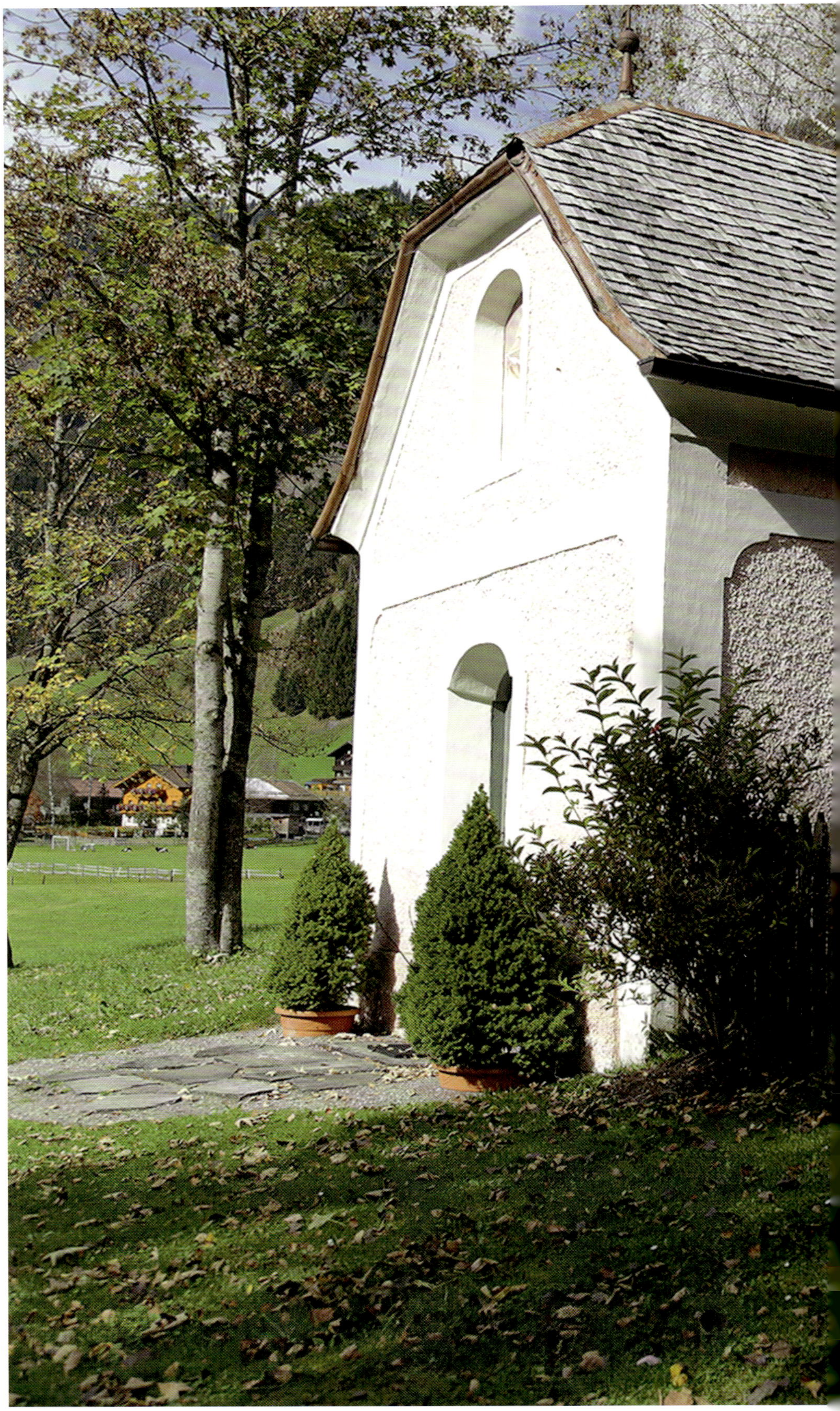

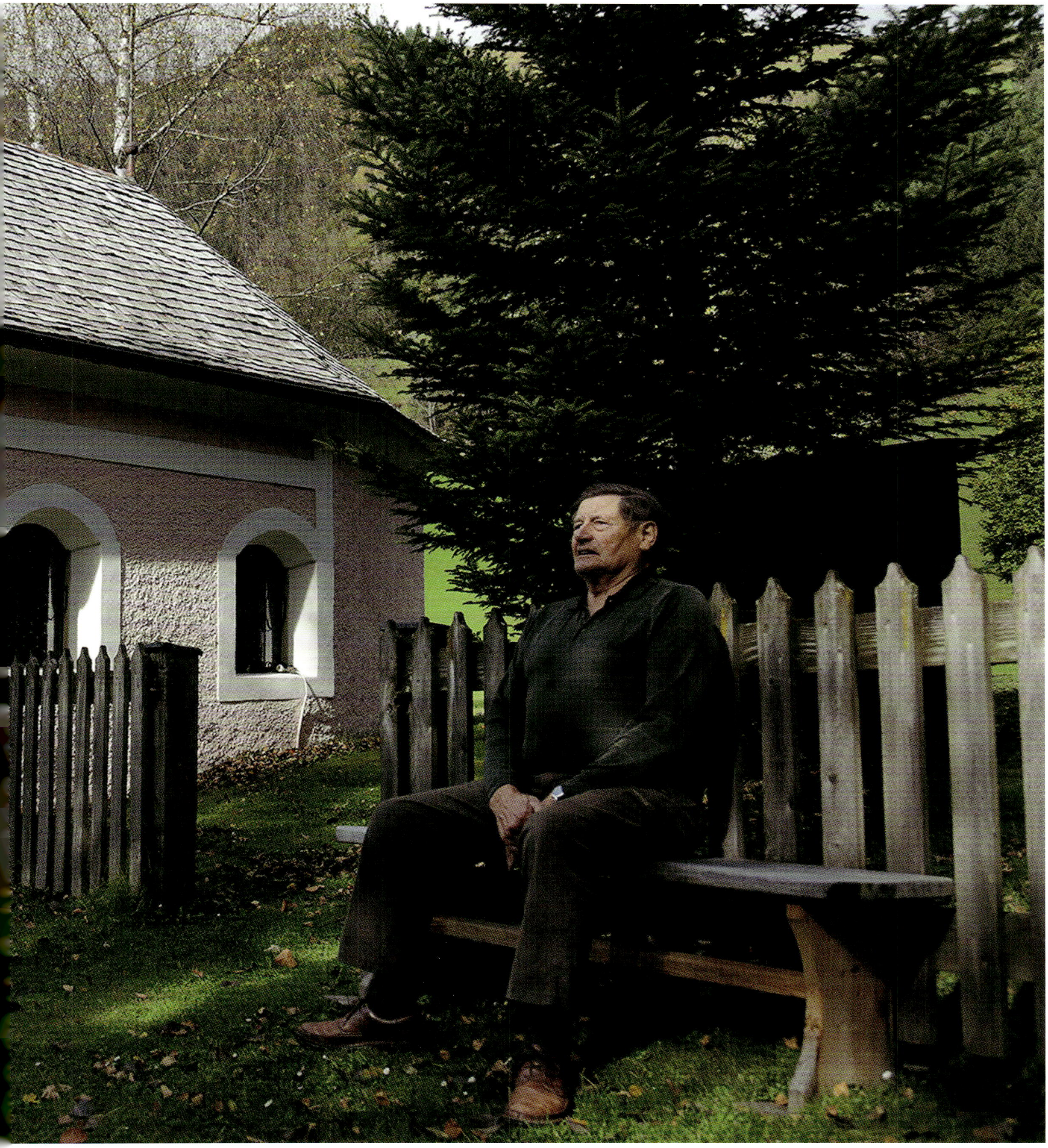

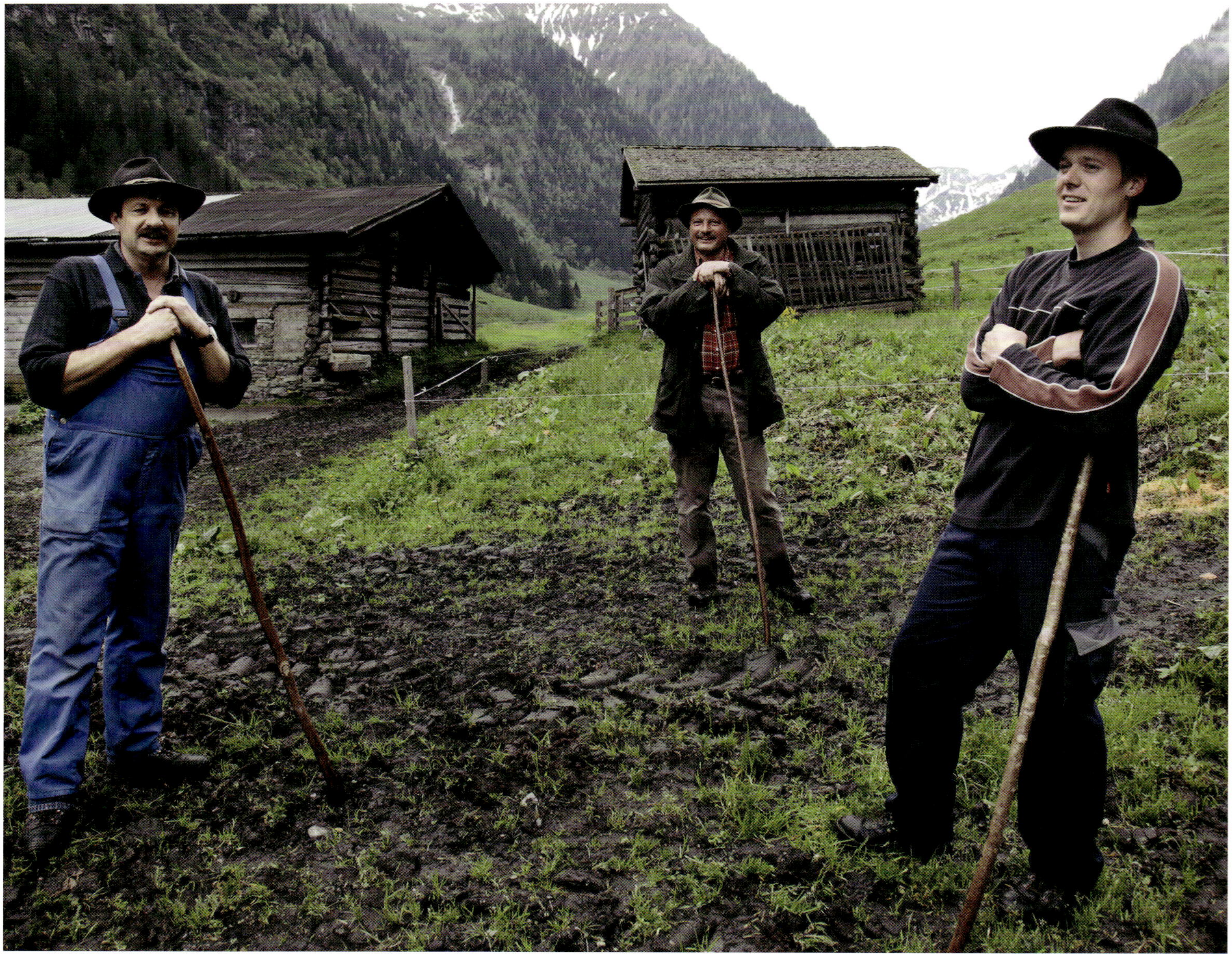

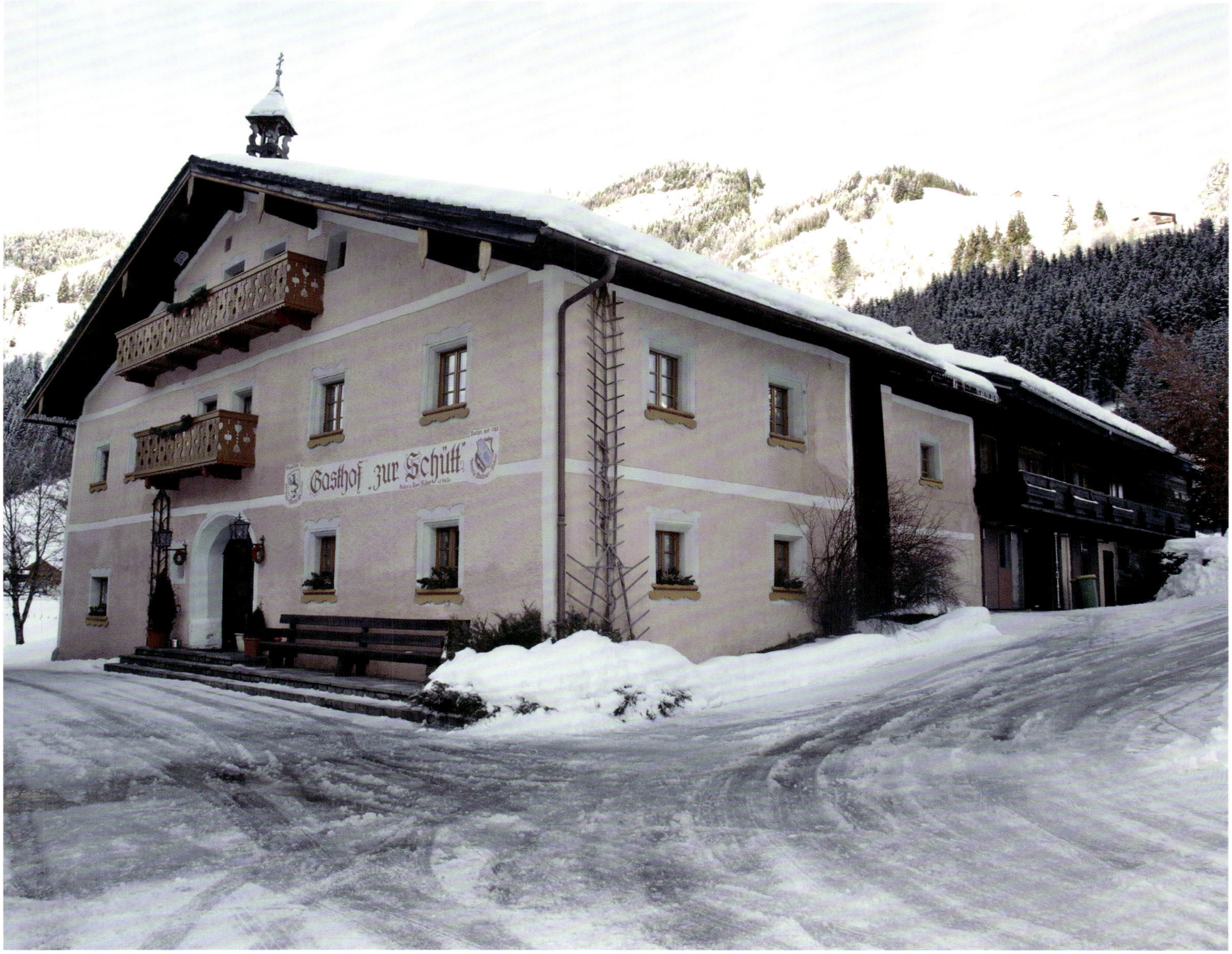
Gasthof „zur Schütt"

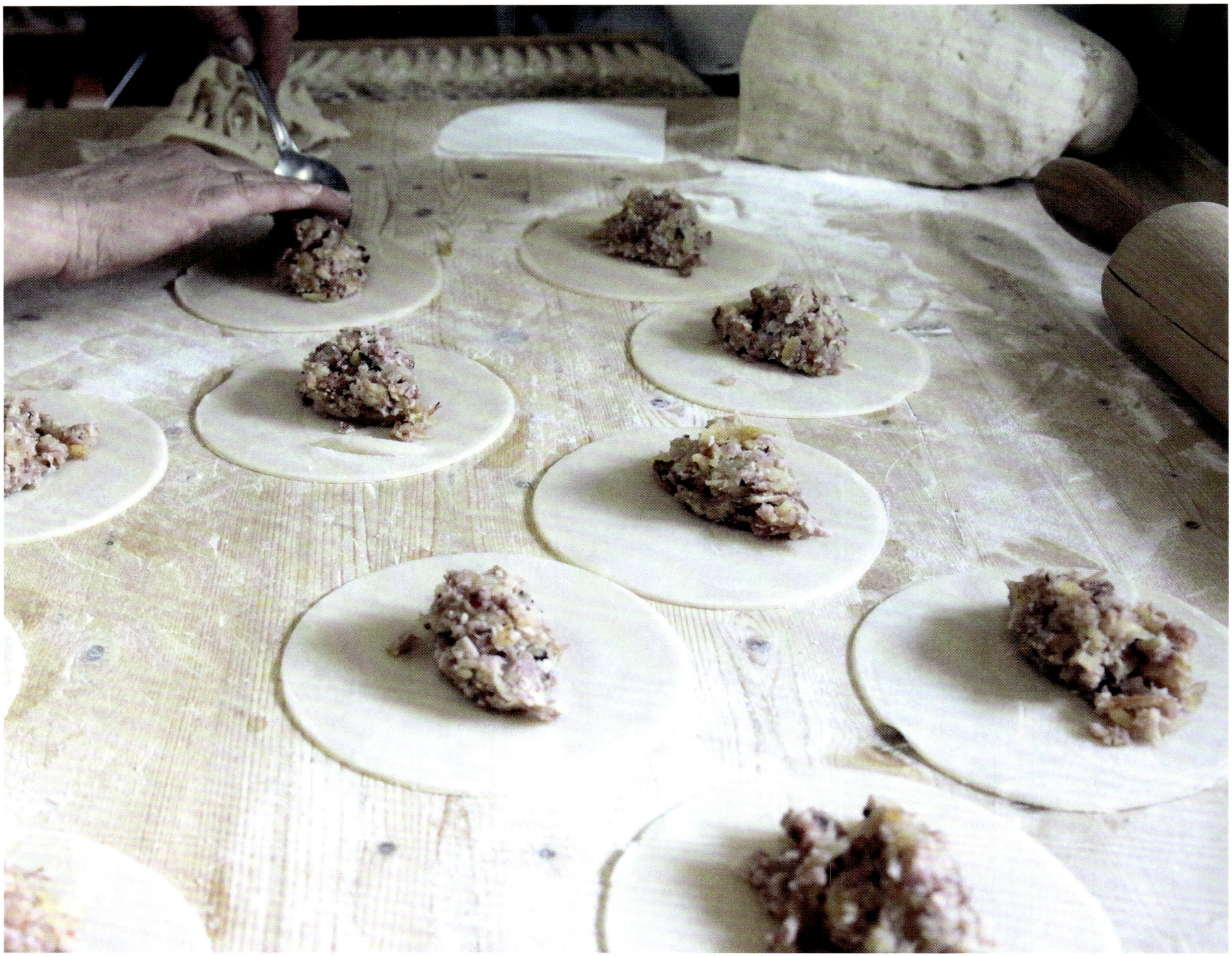

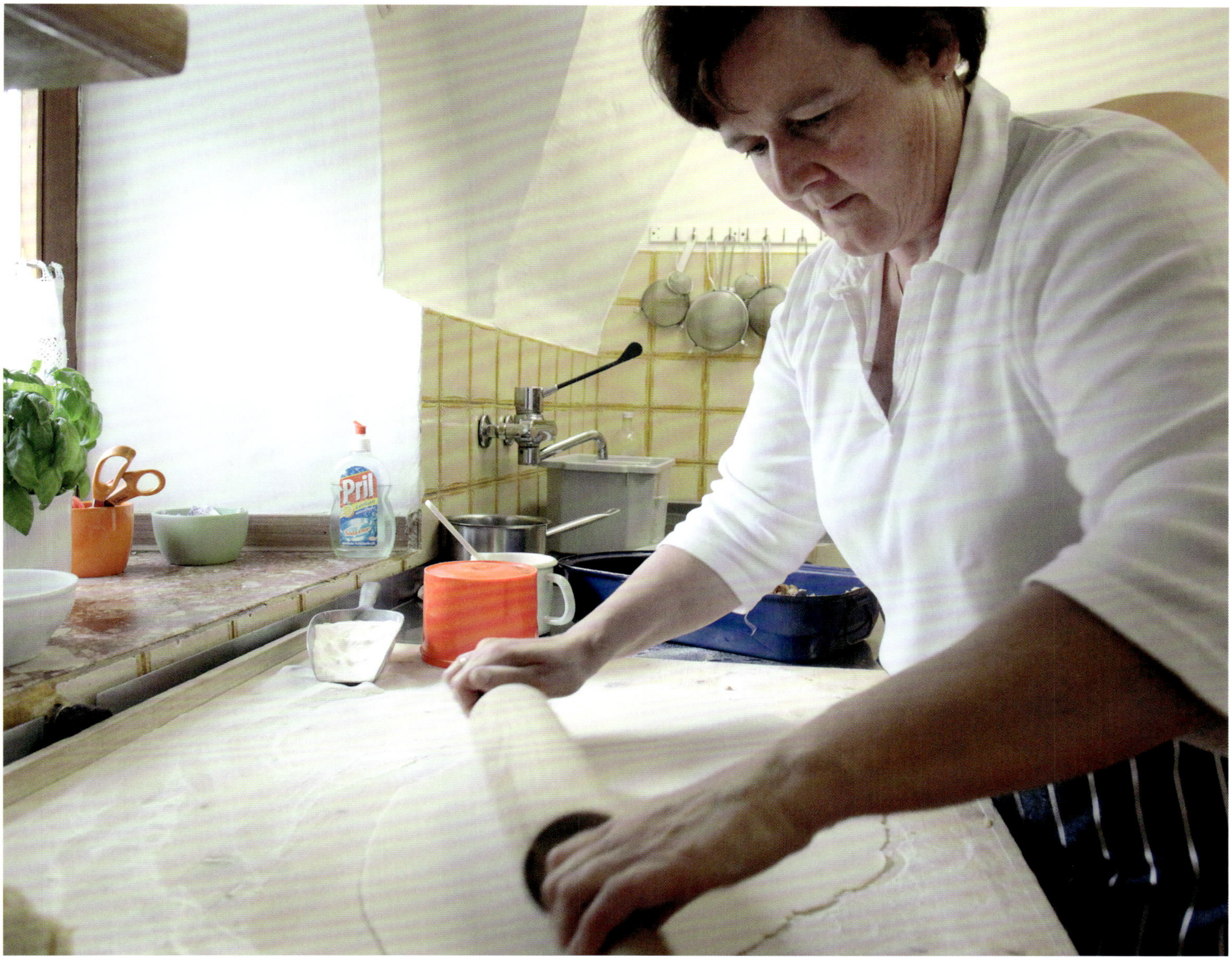
Pril

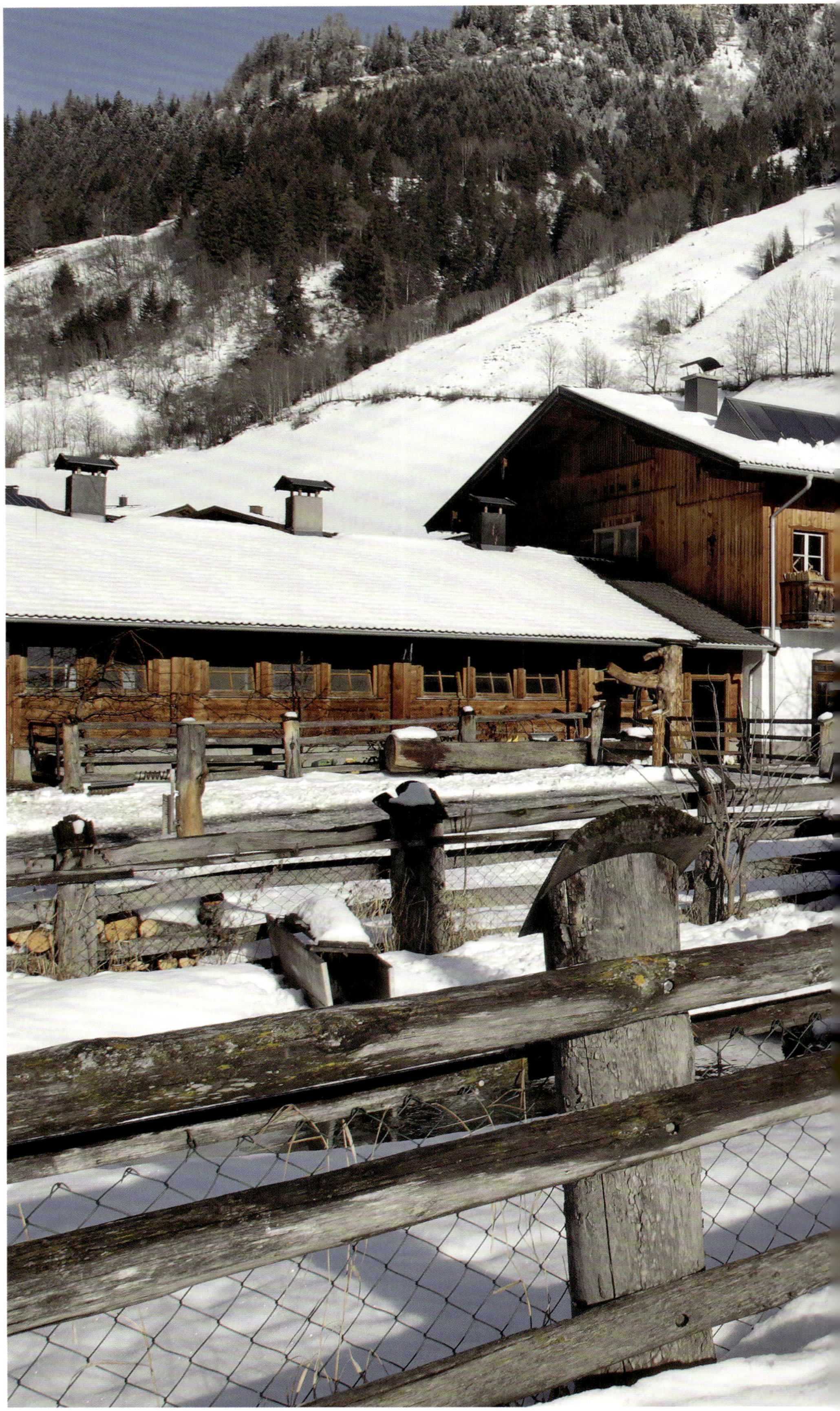

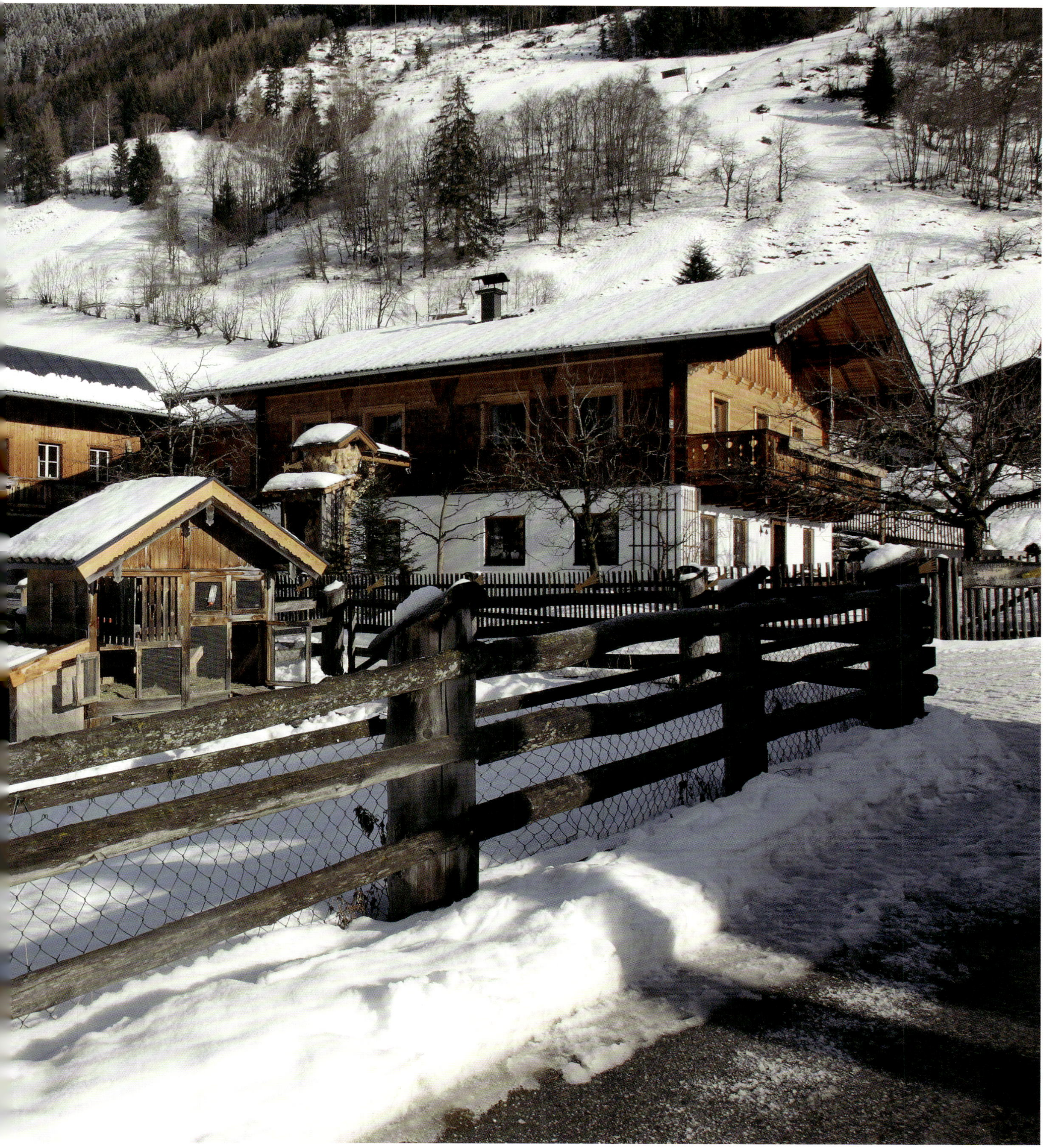

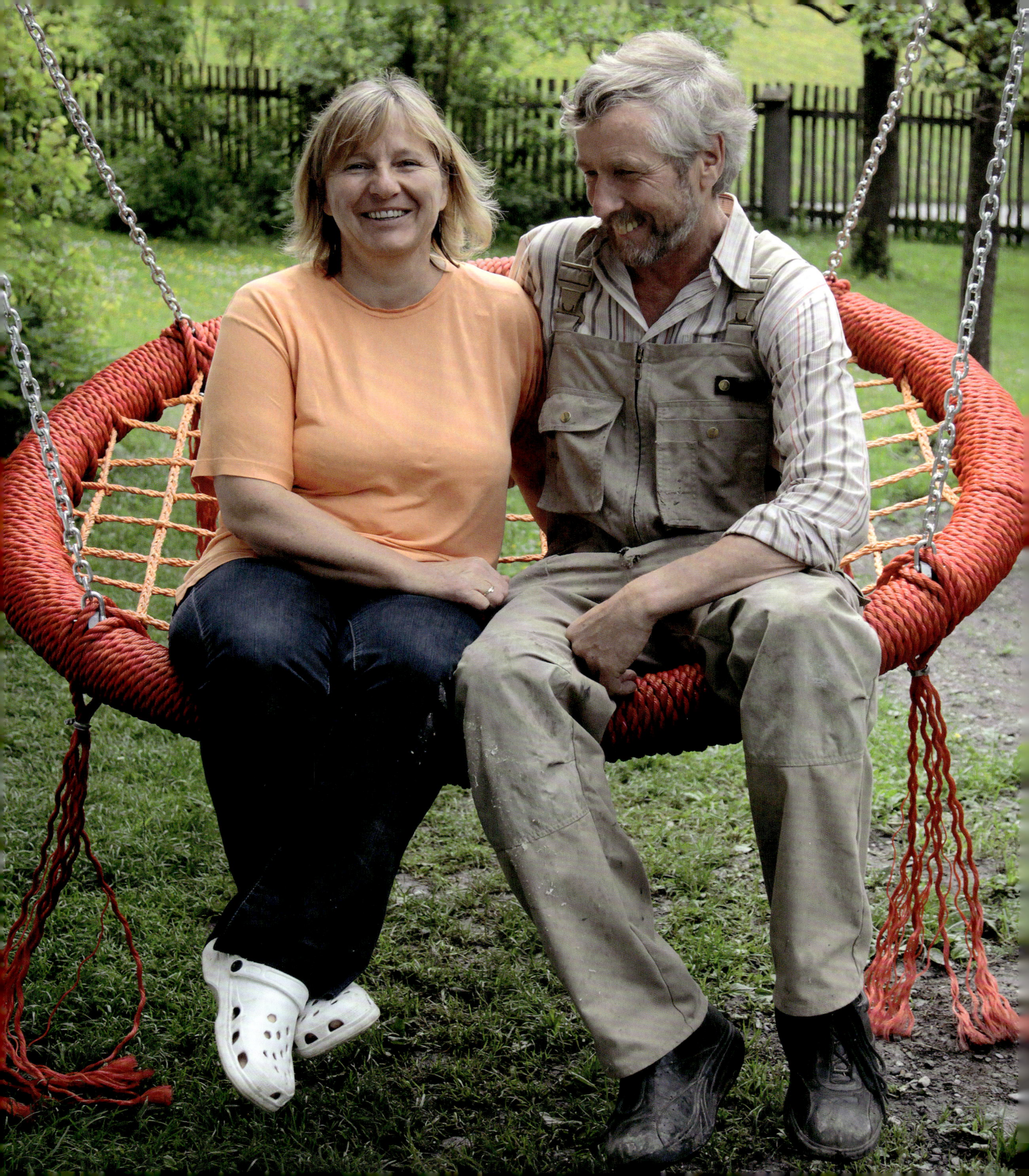

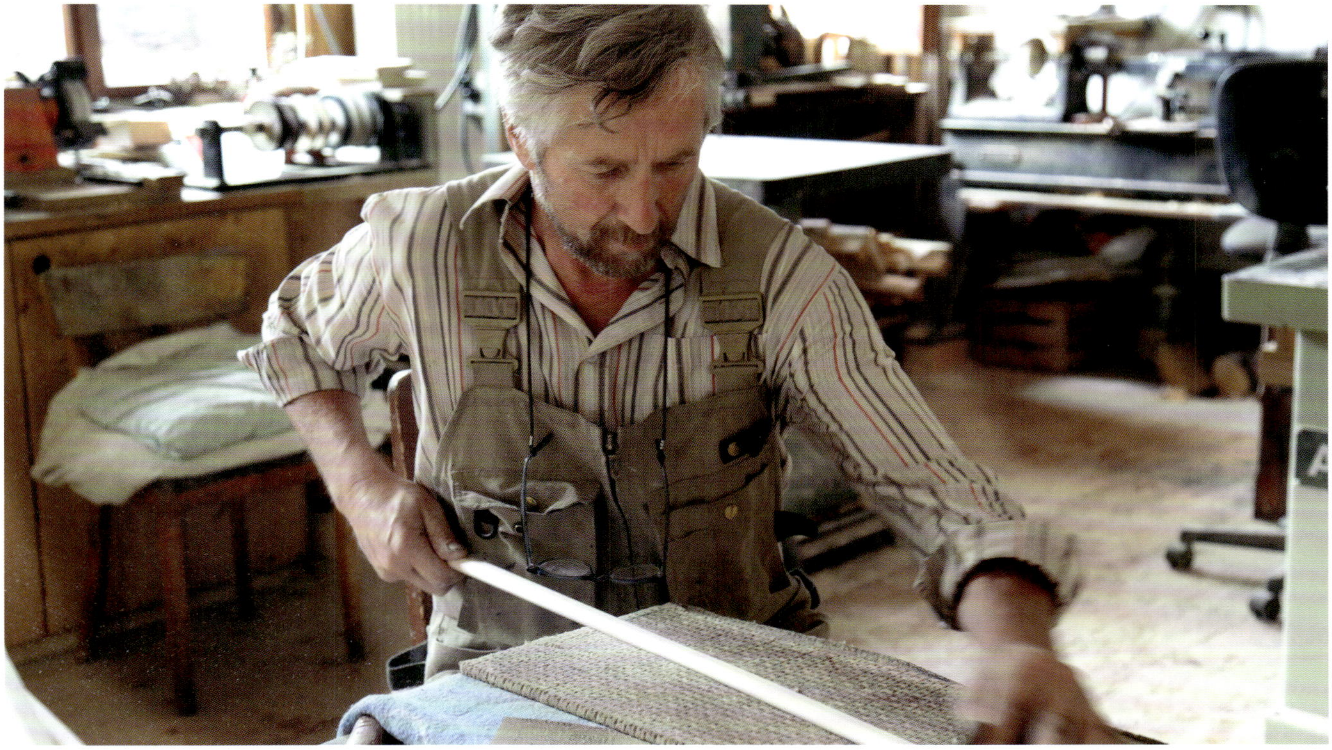

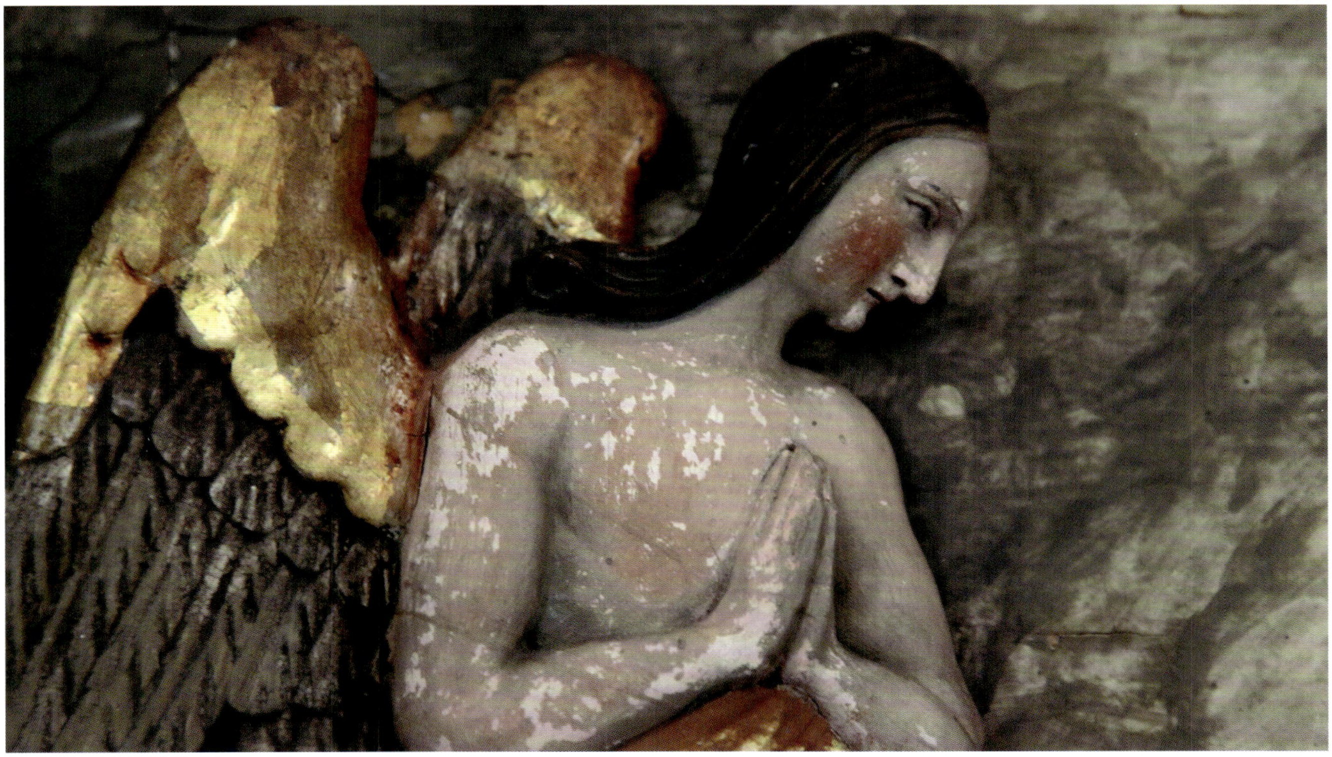

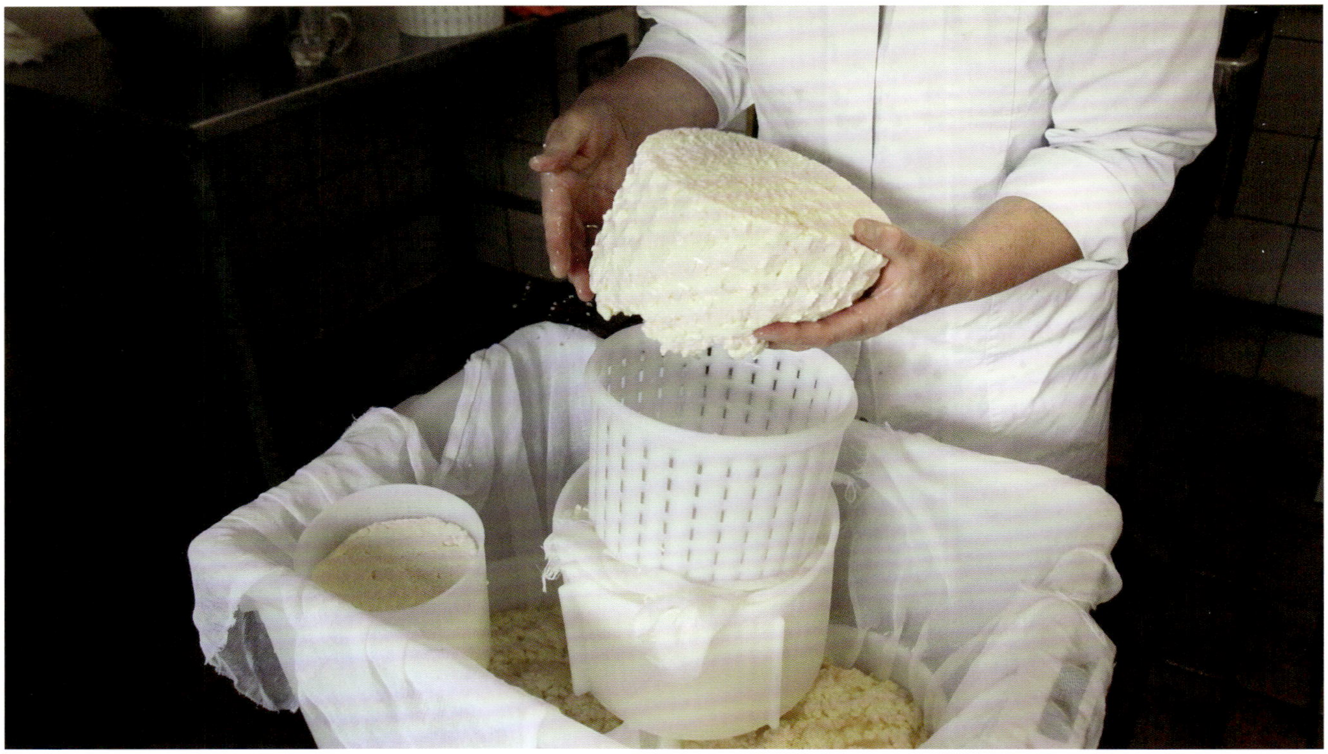

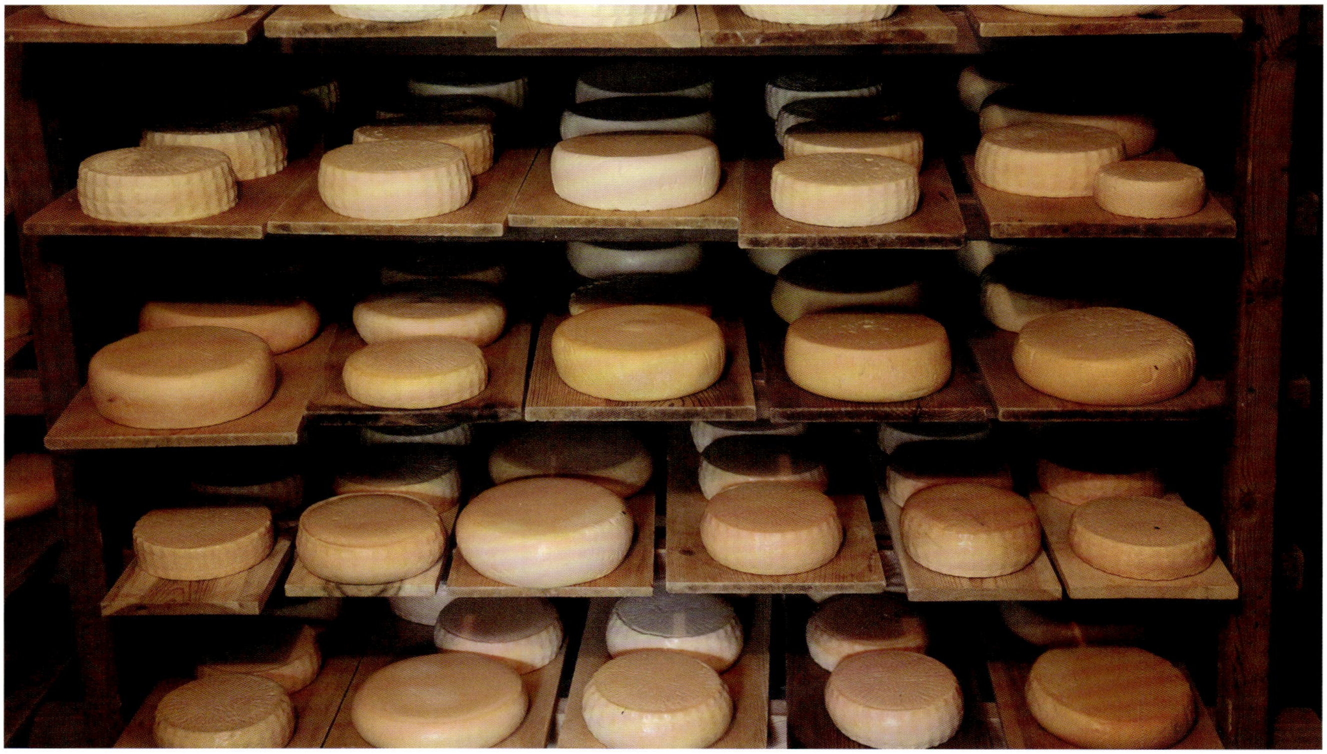

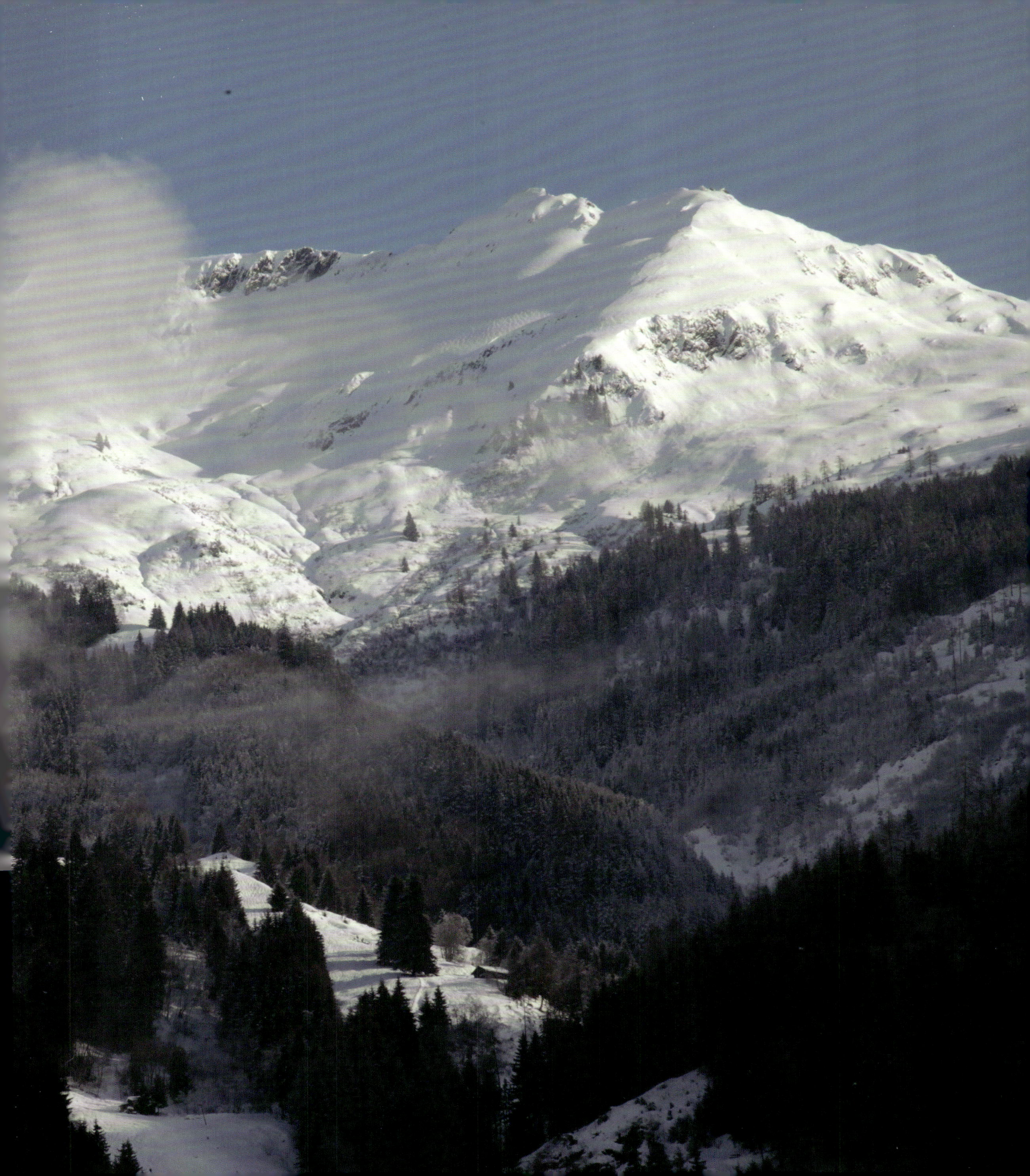

MORGENMELKEN AUF DER ALM

Bodo Hell

(von Hand: 5 Rauriser Tauernschecken, nämlich die Damen: Ebony, Sina, Livery, Leonie, Iduna-Dani)

Zu AlmBeginn (meist gegen Ende Juni) sind um ½ 5 früh (es dämmert oder graut bereits) die Vorbereitungen fürs Morgenmelken zu treffen, 12 Wochen später gegen AlmEnde (meist Mitte September) hat sich dann der Tagesbeginn um 2 Stunden nach hinten auf ca. ½ 7 verschoben, den Lichtverhältnissen folgend (denn die Geißen, aber auch die im selben Stall auf ihren Stangen sitzenden Hühner sind nicht schon in der Dunkelheit hellwach oder gar aktionsbereit, sondern dämmern vor sich hin, allerdings könnte man, wenn nötig, die Geißen mit sanfter Gewalt zum Melken hochziehen, auch anschließend gemeinsam in die weite Felslandschaft fortführen, wenn etwa ein Sonnenaufgangsfoto auf einem aussichtsreichen Gipfel mit den gehörnten Capriden im Gegenlicht angesagt ist und somit eine Stunde Aufstieg dorthin gemeinsam absolviert werden muß)

die jeweils morgendlichen Zurüstungen (die auch auf der Alm gewöhnlich wie automatisch vor sich gehen) sind etwa diese:
(1) Feuermachen im Küchenherd (Späne, Schrefeln, Buchün, hochdeutsch: Anmachholz sollte dazu ausreichend vorhanden sein)
(2) Waschwasserwärmen in den Töpfen auf der Herdplatte (wenn nicht noch vom Vorabend warm) zum Händewaschen und zum Kübelreinigen sowie drittens das
(3) Aufstellen des (mittlerweile historischen) KannenfilterHalters (dieser da stammt von Burgstall Seferls verstorbener Schwester Lina und wurde bereits auf der damals in den 30er-Jahren noch bestoßenen Alpe Modereck mitten im Plateau AM STEIN benützt, die 84-jährige Sennerin Burgstall-Seferl, dann Roweng-Seferl, an der evangelisch/katholischen Grenze Ramsau-Weißenbach tätig, hat das

gute Stück (ein Milchsieb mit 3 Lochplatten als Einsatz für mindestens 2 Filterscheiben) damals zu jenem Zeitpunkt (an mich) weitergereicht, als sie voll Freude von der auf der Alm wieder eingeführten Ziegenwirtschaft erfuhr, in den frühen 80er-Jahren, denn die Linerl braucht die Seichn gwiß net mehr), also das Aufsetzen dieses verzinkten, am oberen Rand ausgerissenen Trichters auf die altertümliche Milchkanne, oder man setzt das Milchsieb mittels hölzernem LeistenHalter, dem sogen. Milchloaterl, auf einen offenen Plastik- oder Emailkübel (Amper), wobei in beiden Fällen vorher zwischen die besagten 3 Alu-Lochscheiben mit unterschiedlicher Lochung (die oberste Scheibe ist gewölbt und läßt sich mit Klemmring in einer Trichternut niederhalten) diese 2 runden Wattescheiben (mit 19 cm Durchmesser, seit dem EU-Beitritt nicht mehr aus heimischer Produktion, sondern aus Ladenburg bei Mannheim, inzwischen sind auch diese nicht mehr erhältlich, sondern nur glatte VliesScheiben, durch welche die frisch gemolkene Milch sehr rasch durchrinnt), also diese 2 runden Wattescheiben so eingelegt werden, daß die kleinen Prägetrichter im Fließpapier nach unten gerichtet sind, sogar im Finstern ist das mit den Fingerkuppen zu spüren, daß also die zu erwartende Milch (mehr oder minder schäumend) durch diese hundert winzigen Trichterchen abfließen kann, wobei allfällige Haar- und Schmutzteile, welche beim Handmelken nicht ganz zu vermeiden sind, in dieser Watte zurückgehalten werden, der Kübel samt Trichter wird dann fürs spätere bequeme Eingießen der Morgenmilch auf eine halbhohe Stuhlfläche gestellt

(4) nicht allzu heißes Wasser sieht man sich anschließend in einen weiteren Kübel gießen (mit der Kennzeichnung fürs EUTER, Fehllesung: BUTTER), dann heißt es: diesen sowie den weißen Email-Melkkübel (mit letztem Prüfblick in sein Inneres) schnappen, Stalljacke um, Stirnlampe auf (im Stall ist es dunkler als im Freien), Waschfleck vom Staketenzaun genommen und mit Morgengruß (Türverschluß/Gfoifats öffnen und schließen) hinein in den Geißenstall (guten Morgen die Damen, gut geruht?), wo bis auf Leonie rechts hinten (die mit den Antilopenhörnern, die ‚Afrikanerin') alles noch liegt, teilweise den Kopf zum Hinterlauf zurückgebogen (wie in einer Leibeskuhle vor sich selbst versteckt), Waschkübel auf den Stallboden gesetzt, leeren Milchkübel überm Melkplatz auf Haken gehängt, Mistlochfenster hinten geöffnet (machen wir mehr Licht), d.h. den Bretterverschluß aus der Führung hochgezogen und hinten in den Futtertrog gestellt: ein kleines BlickRechteck aufs grüne Weidegebiet im Hüttfeld dahinter wird dadurch frei (zu den Geißen: da habt ihr ja gleich ein bißchen Frühstücksfernsehen), wer will denn heute als erste drankommen, und schon zerrt Ebony an ihrer Kette (Vorsicht: daß man sich nicht in deren verdrehten Hörnern verhängt! lassen wir sie ruhig vorher noch an ihrem Platz urinieren/lullen und defaizieren/pemmerln?), mit der Stallbürste inzwischen die nächtlichen Kaffeebohnen/zu deutsch: ZiegenKöttel zur Seite gekehrt und somit einen Gang für die Menschenfüße freigemacht, dabei stehen die anderen Geißen bis auf die vorderste (Dani/Iduna) langsam und

wie traumverloren auf und machen sich rückengeknickt soachend (so geh doch etwas weiter hinüber, mußt mir ja nicht in den Stiefel spritzen) und im Anschluß hörbar Kotbohnen fallen lassend fürs selbstverständliche Tagewerk bereit

1 ebendiese elfenbeinerne Geiß (Ebony) mit ihren extrem gebogenen Hörnern (übrigens detto heuer die Älteste, wenn auch nicht die erste in der Rangordnung) wird losgebunden, ein paar Schritt nach vorn zum Melkplatz geführt und dort am Hals in der engen Kette mit Durchsteck-Verschluß fixiert, währenddessen versucht sie die ganze Zeit an den Händen und Armen des Melkers zu lecken, als müßte sie da imaginäres Salz von der Haut abschlecken, ihre Rückenverletzung eben an einer Stelle, die sie im mehrmaligen Rückwurf des Kopfes noch mit dem Horn erreichen konnte und bei Fliegenbesatz selbst immer wieder wundgestoßen hat (eosenophiles Granulom, eine weitgehend unbekannte Funktionsstörung der Wundheilung, sonst vornehmlich bei Katzen), diese Stelle am Rücken ist jetzt nach Anwendung einer Decksalbe und naturmedizinischer Wundpulverbestäubung (Zäpfelstubb aus den Sporen des Bärlapps, hergestellt von den Älplern Maria Daum und Franz Bergler) abgeheilt, wenn auch die Hautstelle kahl geblieben, der dampfende Waschkübel wird an diese dreifärbige Rauriser Tauernscheckin herangezogen (ah die Wärme wird dir guttun), bisweilen versucht sie da auch herauszusaufen (aber es ist doch keine Molke drin), ohne Hocker in die Hockerstellung gehen (Melker mit verkürzten Achillessehnen könnten in dieser Haltung Schwierigkeiten bekommen, auch Trägerinnen von Minusabsätzen, high heels haben im Stall sowieso nichts verloren, nicht einmal für den BäuerinnenKalender) und schon saust der ausgewrungene Waschlappen ans Euter und wird angelegentlich um Zitzen und Ziegenbauch geführt (was bisweilen von den Betroffenen genossen wird, allerdings bei neuen Kandidatinnen auch zu Ausweichmanövern derselben führen kann) oder man reinigt trocken mit KüchenrollenPapier, jeweils ein ProbeMilchspritzer aus den Zitzen geht auf den Boden, zur Reinigung der Strichkanäle (eigentlich sollte man diese Vormilch in ein eigenes Gefäß spritzen und den Hühnern geben, wie nachher das Ausgepreßte aus den Wattescheiben), und das eigentlich milchgewinnende Melken kann jetzt beginnen

während des Melkvorgangs wird vom Tier sofort wiedergekäut (wie es heißt: ein Zeichen von Zufriedenheit) und dann auch mit zurückgedrehtem Haupt (soweit es eben geht) am Melker gerochen (ob der wohl das richtige Kitz ist, welches da merkwürdig kontinuierlich Milch absaugt und das MutterEuter ganz wie das Naturkitz in Abständen hochstößt, um weiteren Milchfluß anzuregen, der Großteil an Milch soll sich ja erst während des Melkvorgangs bilden), gegen Schluß (man hat inzwischen auch ein paarmal umgegriffen, denn die eine Zitze ist vielleicht milchreicher als die andere und die linke Hand ermüdet schneller als die rechte) wird die Geiß vielleicht ungeduldig und man merkt, wie sie die Melkhand und den ganzen Arm mit dem hochgehobenen Hinterlauf (nicht steigen, Ebony) abstreifen will, und wer den Kübel in einem solchen Fall nicht rechtzeitig wegzieht, sieht ihn womöglich schon kippen und die frisch gemolkene Milch über den Stallboden verschüttet, unnatürlich weiß auf den braunen Bohlen, Vorsicht dann vor ReaktionsBündelGrobheiten gegenüber dem Tier, aus Enttäuschung oder Rachegelüsten, Stichwort: Milchneid, siehe auch die verwandten Todsünden: Woadneid (nämlich: WeideNeid) und Beeneid (nämlich: BeerenfinderNeid)

als Vorsichtsmaßnahme gegen Milchverlust könnte man die erwiesenermaßen unruhigste Geiß als erste melken oder überhaupt nach jedem Einzelmelken die (dann auch leicht zu messende) Ausbeute forttragen und in besagten Filtertrichter leeren, nach dem Abbinden vom Melkstand ist die Geiß am besten an ihren Platz zurückzuführen und vorerst wieder anzuhängen, damit sie nicht die weiteren Melkvorgänge stört (vielleicht durch übertriebene scheinbare Zuwendung im Rücken des Melkers/Hemdzupfen), es sei denn, alle Tiere sind etwa wetterbedingt noch reaktionsmüde und stehen einfach nach dem Melken belämmert da (wenn man sich im Ziegenstall, der grünen Wahlwerbung von 2013 folgend, so ausdrücken darf), wobei auch auf RangordnungsScharmützel vorerst verzichtet wird, dazu scheinen mißbilligende Blicke des Melkers jetzt sogar zu genügen (siehe in diesem Zusammenhang auch die termini technici LAUFSTALL oder LAUFHAUS)

2 als zweite Geiß kommt die Tochter Sina dran, vor zwei Jahren noch selber Kitz, vor 1 Jahr mit ihrem ersten Kitz Sophie heroben, jetzt im Nahrungskampf schon energisch um ihren Rangplatz bemüht, es darin sogar mit der Mutter (Ebony) aufnehmend, mit der sie doch sonst in inniger Gemeinschaft steht, ruht, grast, schläft, kaum wird diese Sina am Melkplatz angehängt, beginnt sie schon zu schwänzeln (mit der kleinen Heckklappe, aus Übermut, so als freute sie sich, eine längst vollwertige Geiß wie die anderen zu sein), sie hat noch nie versucht, die Hände des Melkers mit einem ihrer Hinterläufe abzustreifen, außer in dem einen mißlichen Fall, als eine erfahrene Jungbäuerin (Agnes von der FriesacherFrauenzimmerMusi, die es wieder einmal wissen wollte) wohl nicht energisch genug zugegriffen hat, und schon ist Sinas linkes Hinterbein wie selbstverständlich drinnen im Milchkübel gestanden (da hat sie uns ganz schön drangekriegt)

3 die flinke Chefin Livery mit ihrer schwarzgefleckten Stirn wird jetzt gegenüber abgehängt und rast augenblicklich so schnell es geht (und man selber rast, den Glockriemen haltend, mit) quer durch den Stall auf den Melkplatz zu (hast du es aber eilig), ihr Geißenhals muß zur Anhängung ein Stück am Barren zurückgezogen werden und sie läßt das Entleeren ihres ein-zitzigen Euters

(die zweite Zitze ist nach einer Entzündung für immer verkümmert, auch wenn das gesamte Gehänge bei jeder neuen Trächtigkeit gewaltig anschwillt) in aller Ruhe über sich ergehen (um die eine vollwertige Zitze richtig in den Griff zu bekommen, muß man zwischendurch mit der anderen Hand das ganze Euter heranhalten), nachher geht's ebenso rasch trabend wie beim Hinlauf wieder an ihren Stand- und LiegePlatz zurück

4 Leonie (mit ihren flach gedrehten Antilopenhörnern, wie bereits gesagt gewissermaßen eine Afrikanerin, die in etwa von Tuaregfrauen mit ihren eigenen Ziegenherden träumt, sich und jene unabhängigmachend, jaja: die Menschen der sogenannten Dritten Welt werden durch die Geißen am Leben erhalten!) ist währenddessen in ihrer Ecke hinten ruhiggestanden (würde man sie nicht angehängt haben, hätte sie die vorderste Kollegin (Iduna-Dani) von deren warmtrockenem, aussichtsreichem Platz bestimmt verdrängt) und sie läßt sich auch jetzt nur langsam zu einer Vorwärtsbewegung herbei, Leonie hat sich schon unten auf der grünen Talweide (auf der Grean, also bei vollkräftiger Frühjahrsweide) nach dem KitzAbspänen selbst trockengestellt (wie in den vergangenen Jahren auch), und mußte heroben auf der Alm erst langsam wieder ans Melken gewöhnt werden (anfängliches Hin- und Her-Gezappel mit anschließendem Auf-den-Kübelrand-Niedergehen ist die Regel, damit der Melker nämlich mit den Händen nicht ans Euter greifen kann), im Lauf der Zeit ist sie dann doch stillgestanden und hoch stehengeblieben, gibt aber auch jetzt höchstens zwei Stamperl Milch und diese meist nachtkalt infolge des hintersten Liegeplatzes im nicht ganz zugfreien Stall

5 die Lieblingsgeiß aller Besucherinnen und Besucher (ORF-Universum-Kameraleute und Tonmeister mit eingeschlossen) und diese ausgewiesene Rauriser-Tauernschecken-Zuchtziege namens Iduna (das meint ›Schwalbe‹, nämlich auch den Marienvogel, der Name wird der germanischen Göttin Iduna zugeordnet, der lieblichsten der Asinnen, Hüterin der ‚Äpfel der Verjüngung' für die Götter, als Ziege ist Iduna am 3.2.2005 geboren, also jetzt erst 8-jährig, oder schon 8-jährig), jenes sanfte Wesen, das auch vom Zuchtmeister Hans Wallner vom Pe-

terlgut Fröstlberg über Rauris-Wörth als vorzüglich klassifiziert wurde, jene Geiß, die bisweilen nach der allerersten Lieblingsgeiß des Melkers selbst Julie, welche vor Zeiten in ihrem Meckern immer knapp an der Schwelle zu einer allgemeinverständlichen Sprache gestanden ist, diese Urgeiß, die in KleientrogNähe neben der Vordertür angehängt ist, unterm TürstaffelPentagramm (das Unreim gleich beim Eingang abwehren soll), und die untertags (wenn alle Ziegen, aus welchen Gründen immer, den Stall aufgesucht haben) den Kopf aus dem Hühnerloch in der Stalltür herausstreckt, um bei allem und jedem, was draußen geschieht, mit dabei zu sein, die aber auch nach dem Käsen zum Molkenkübel gerufen wird (däsin däsin) und als erste stracks hineilt (ihr Kopf ist dann für eine gemessene Zeit im Kübel verschwunden), welche auch die ganze Kutt (so heißt in Südtirol eine kleine Ziegenherde ohne Hüter), sobald sich diese ungewiß entfernen will (gar in Richtung AbladeParkplatz 2 Stunden hinunter), auf Zuruf zurückzubringen imstande ist, diese gänzlich unzickige Ziege wird jetzt sanft von ihrem Liegeplatz hochgezogen (inzwischen ist auch die Sonne über Brenntwegerl oder Grimming aufgegangen) und als letzte in freudvoller Ruhe gemolken, während sie wiederkäuend den Vorgang zu genießen scheint, stillhaltend bis zum nächsten heraufrollenden Bissen, und bisweilen den Kopf auf die Schulter des Melkers zurücklegend, während ihr die durch die Stallbalken fallenden Sonnenstrahlen das Fell wärmen, in fleckig aufleuchtenden Zonen, bukolisch, arkadisch, pastorell, so daß man die Zeit anhalten möchte und im unendlichen Melken dieser Milchgöttin verharren ...

allerdings ist es auch bei dieser Geiß wie bei den anderen Geißen (die Mehrzahl von Geiß lautet diphthongisch-stark eigentlich: Geaß, wie geht's denn die Geaß) angeraten, keine Gustostückerl wie Hartbrot oder abgelaufene Schokoladeriegel im Hosensack mit in den Stall gebracht zu haben, denn dann ist es mit der beschworenen WiederkäuSeelenruhe vorbei und so der Melker nicht Acht gibt, sind diese Leckerbissen mir nichts dir nichts und mit der entsprechenden Aneignungsenergie der Geiß von dieser aus dem Hosensack des am Euter oder am anderen Euter Beschäftigten herausgezogen und schwupps im Ziegenmaul verschwunden

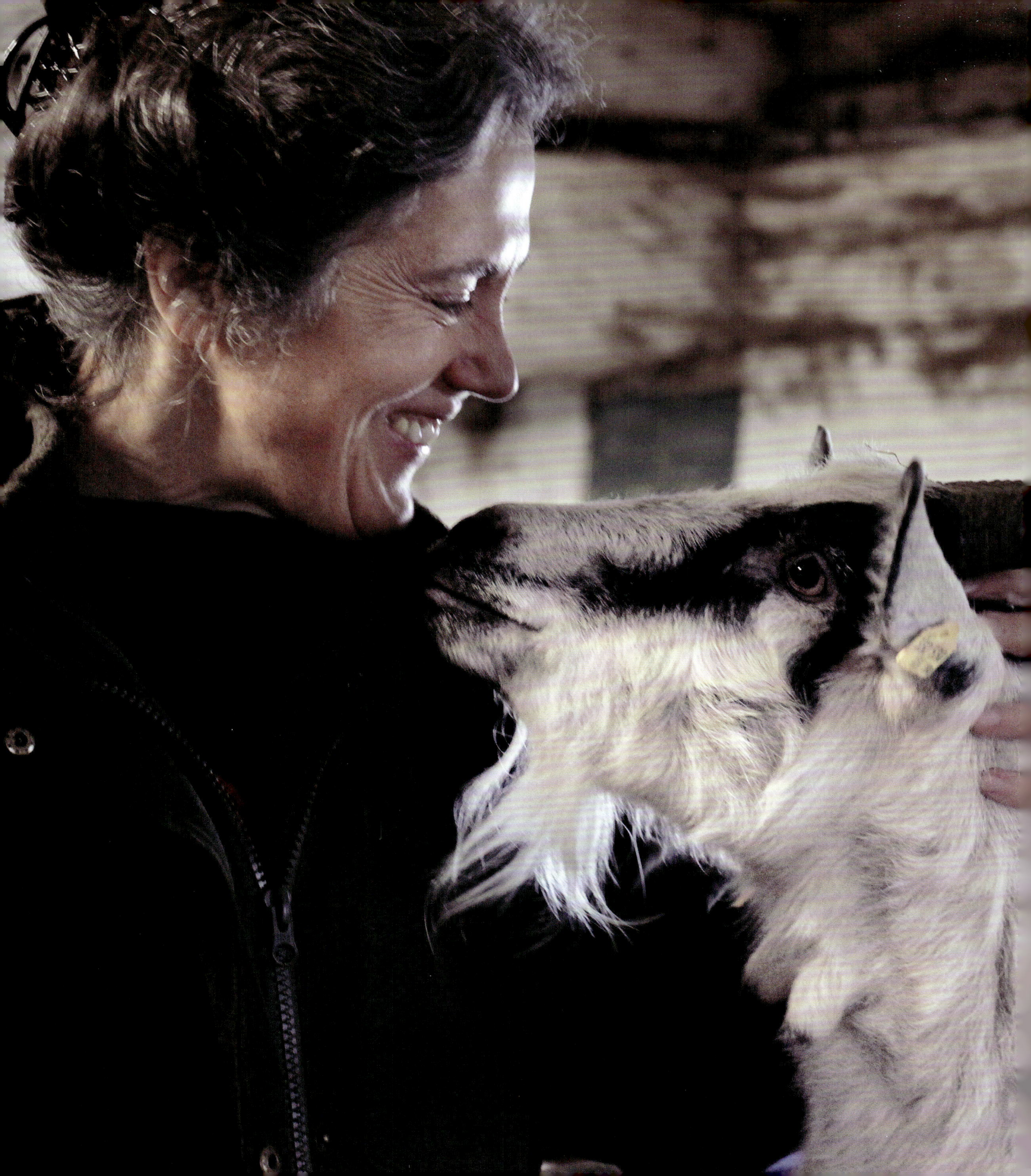

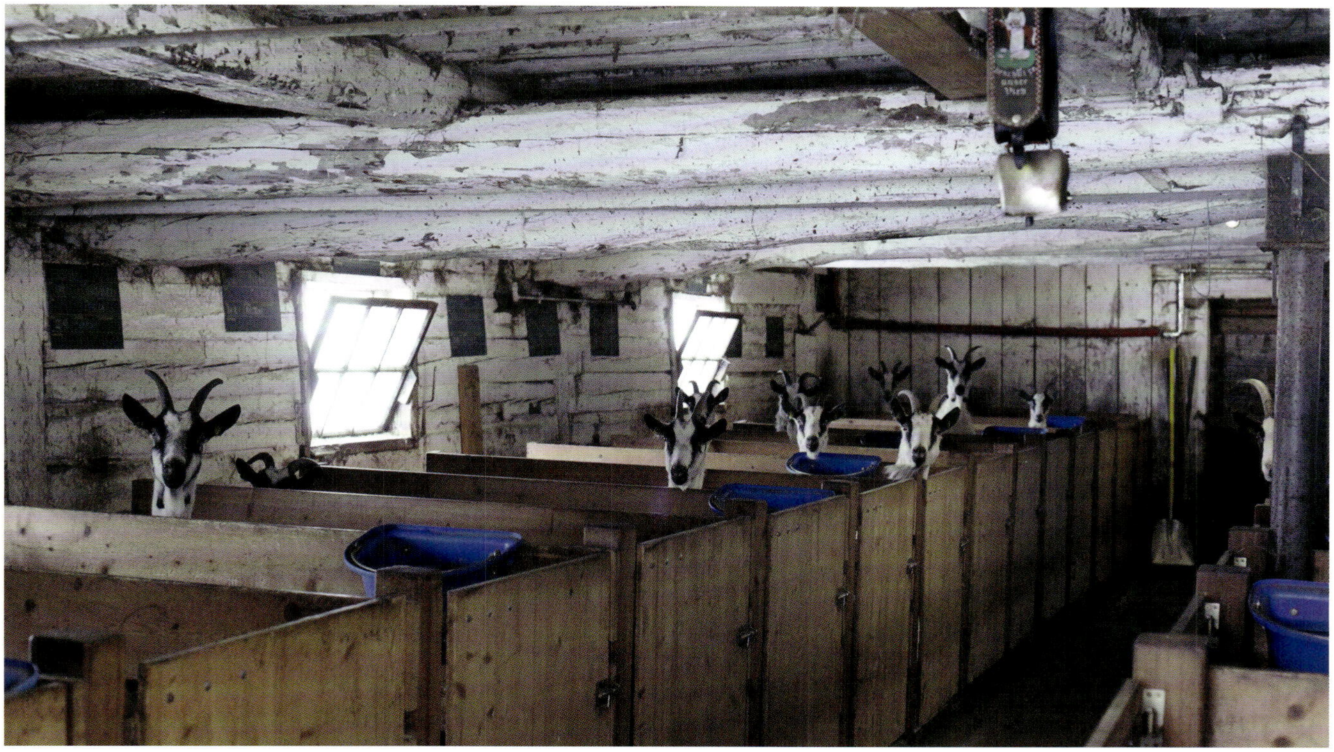

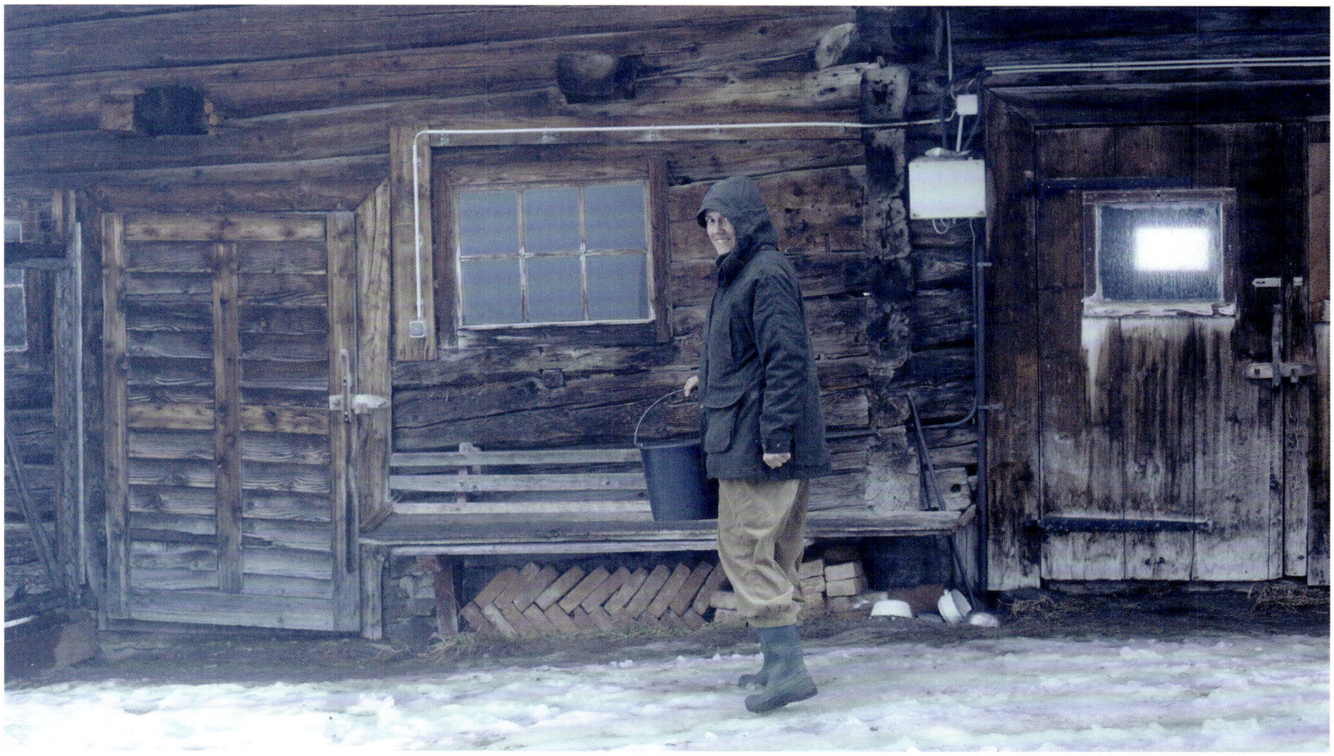

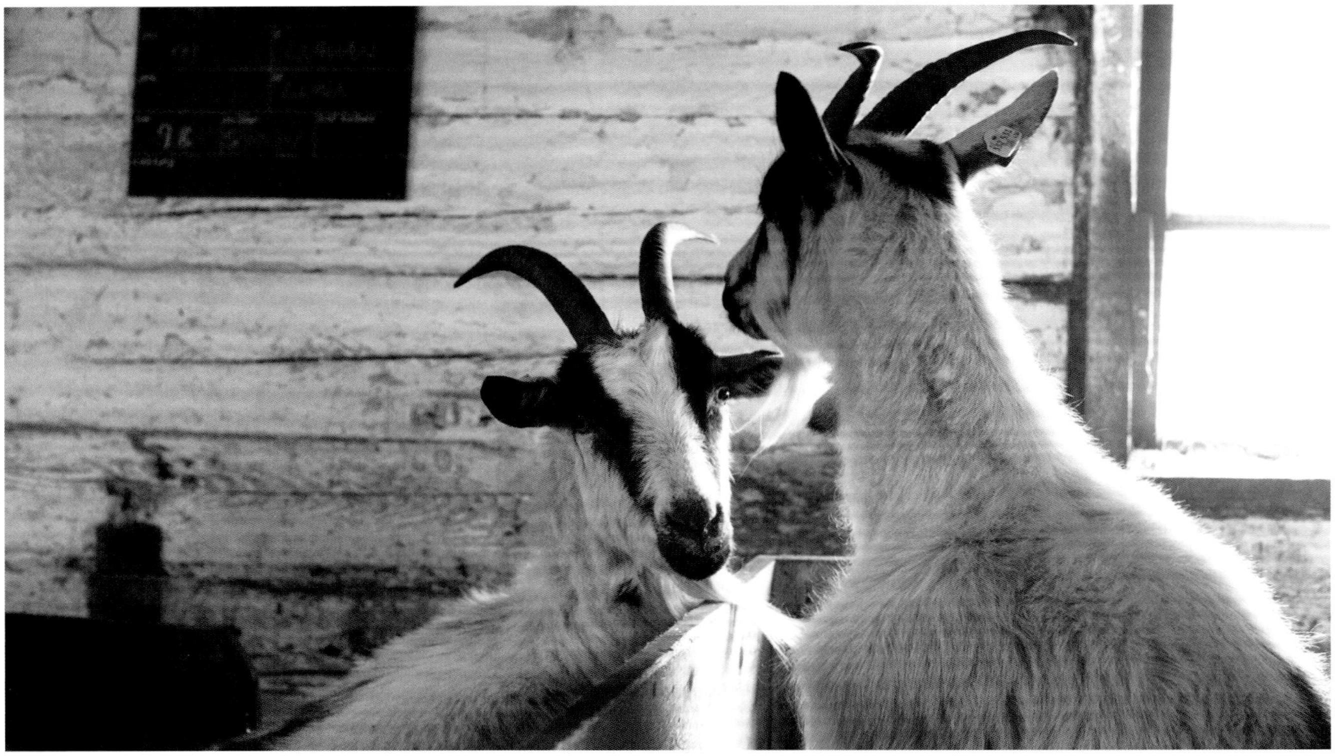

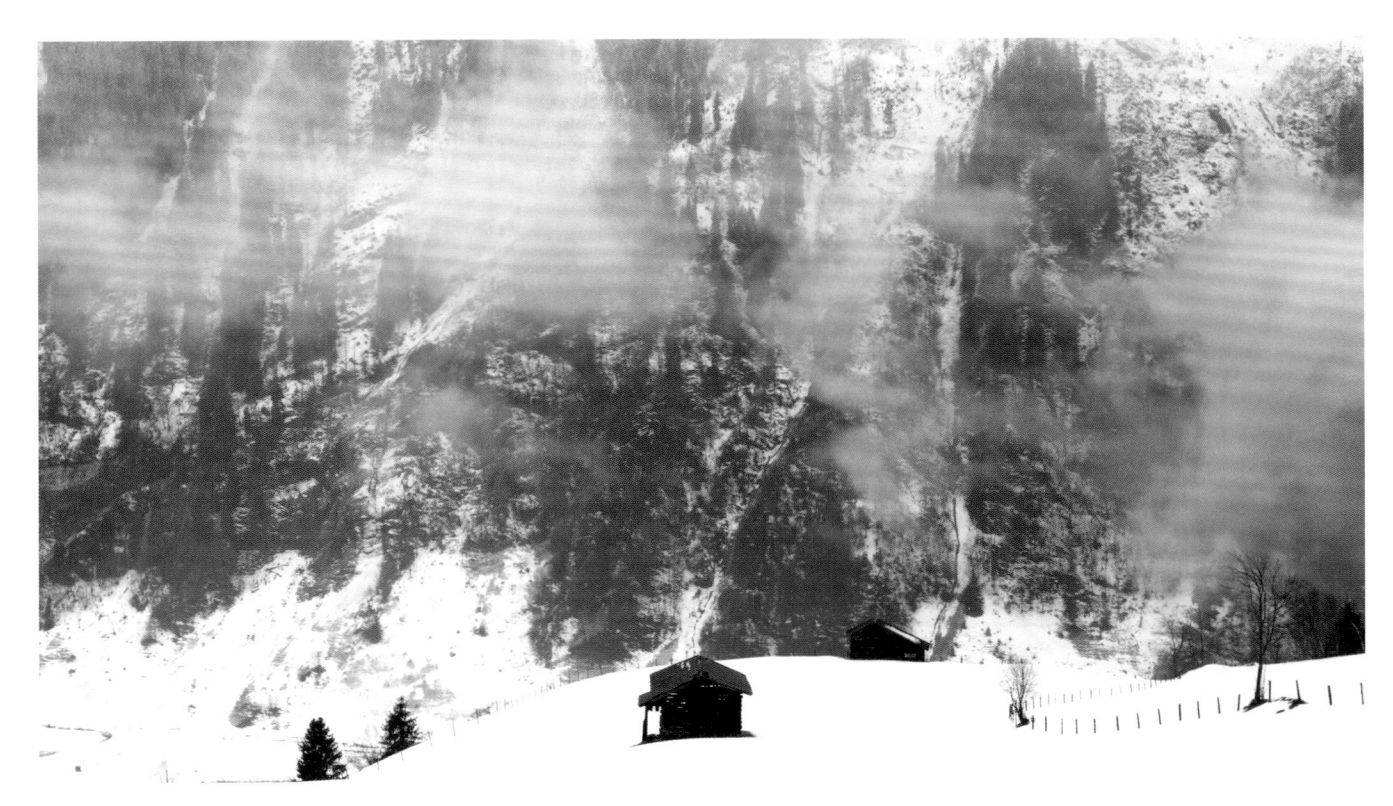

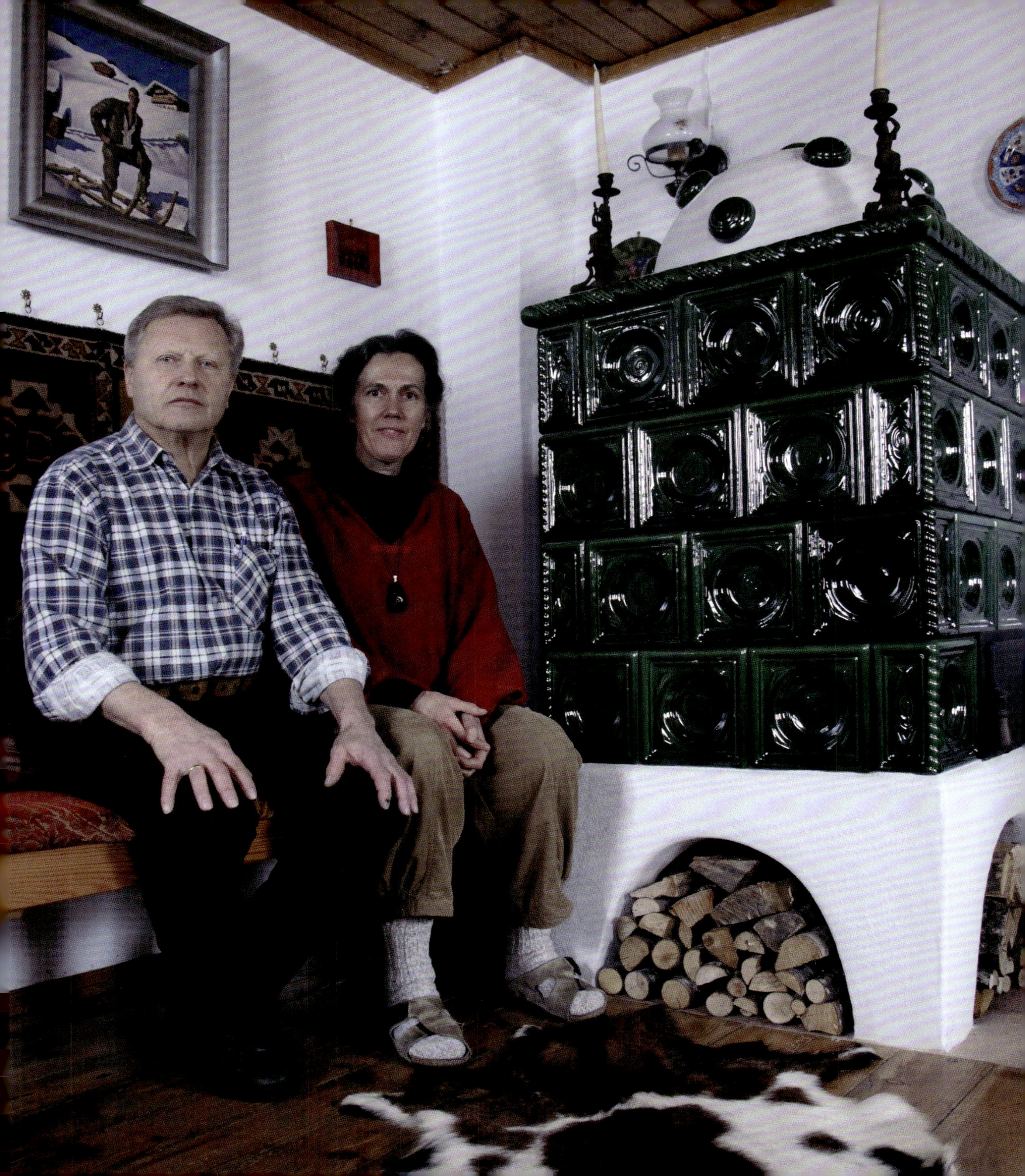

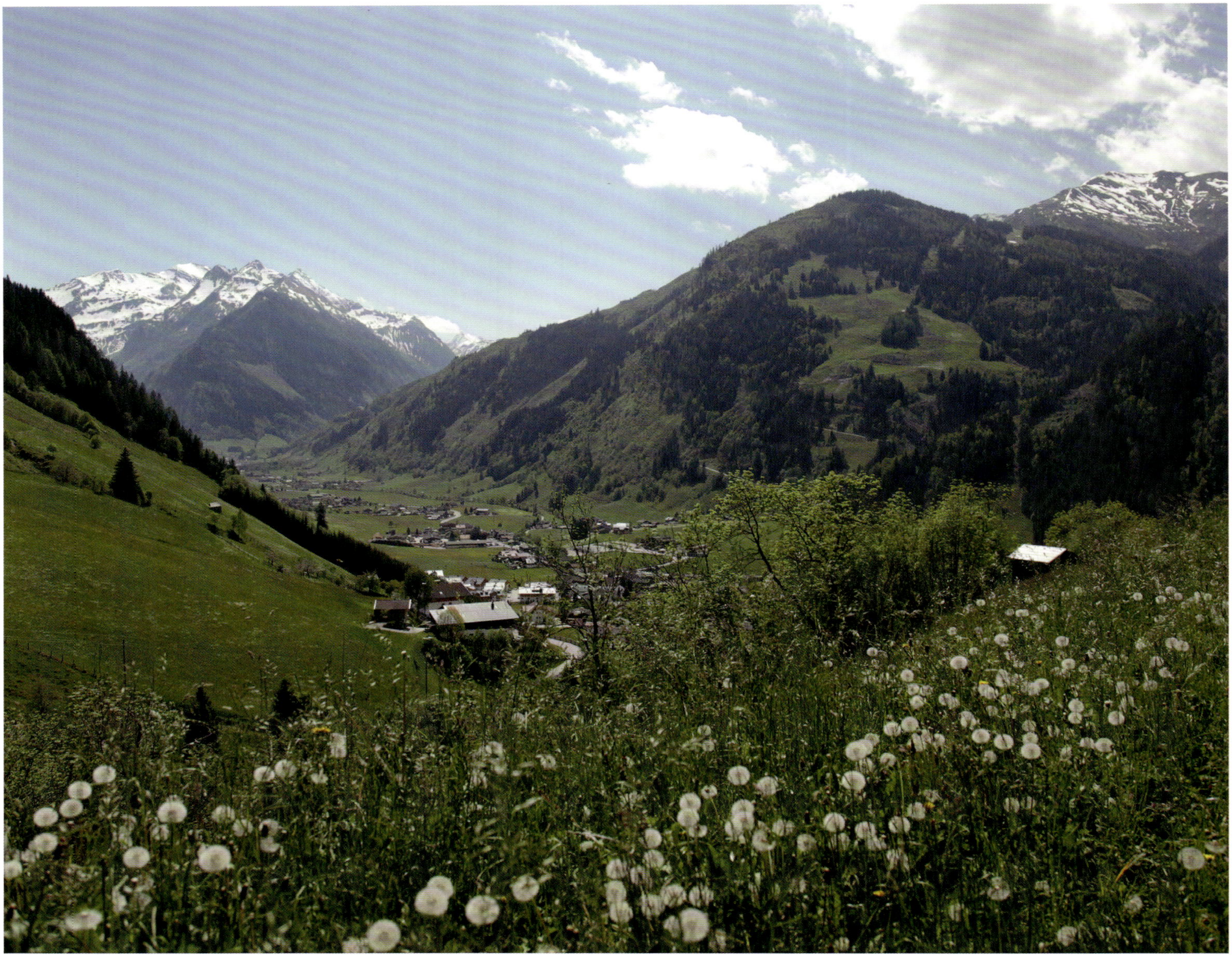

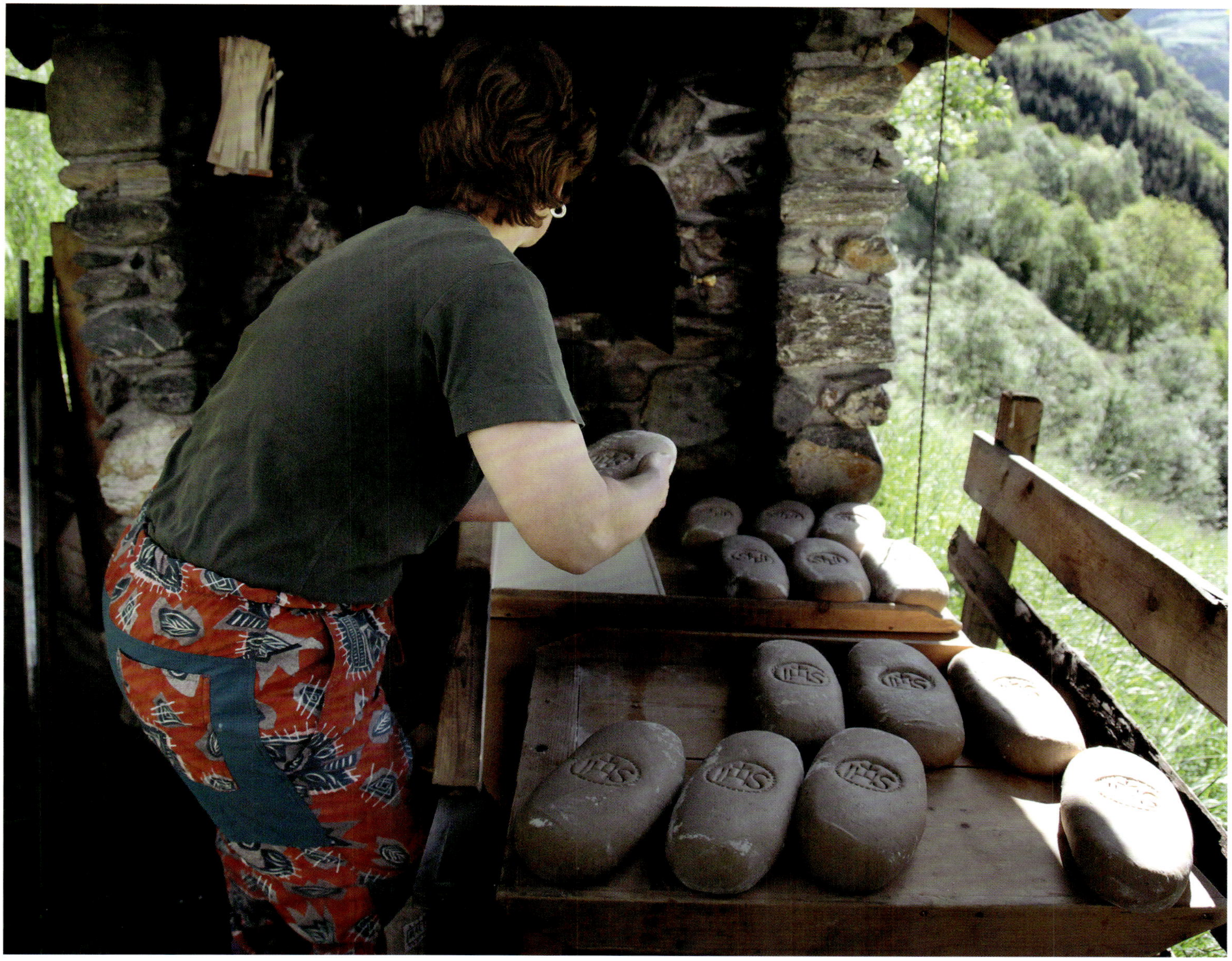

116

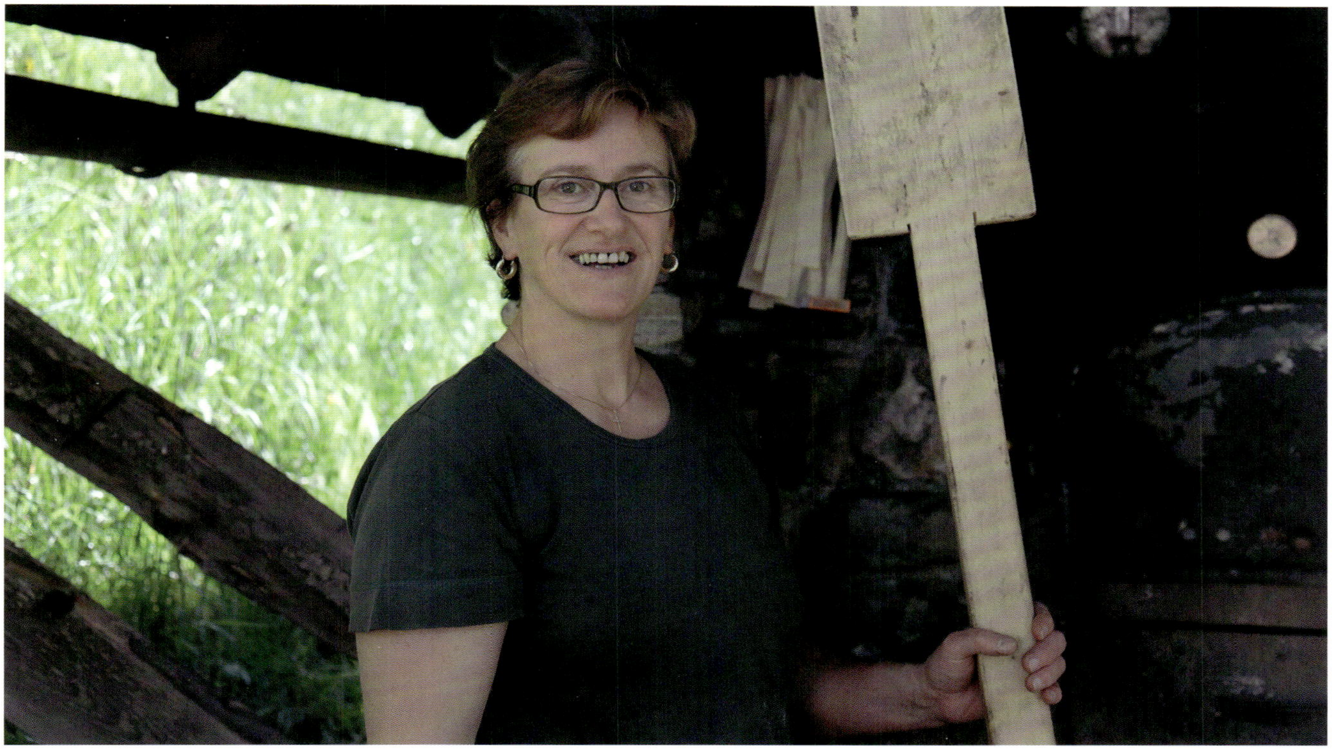

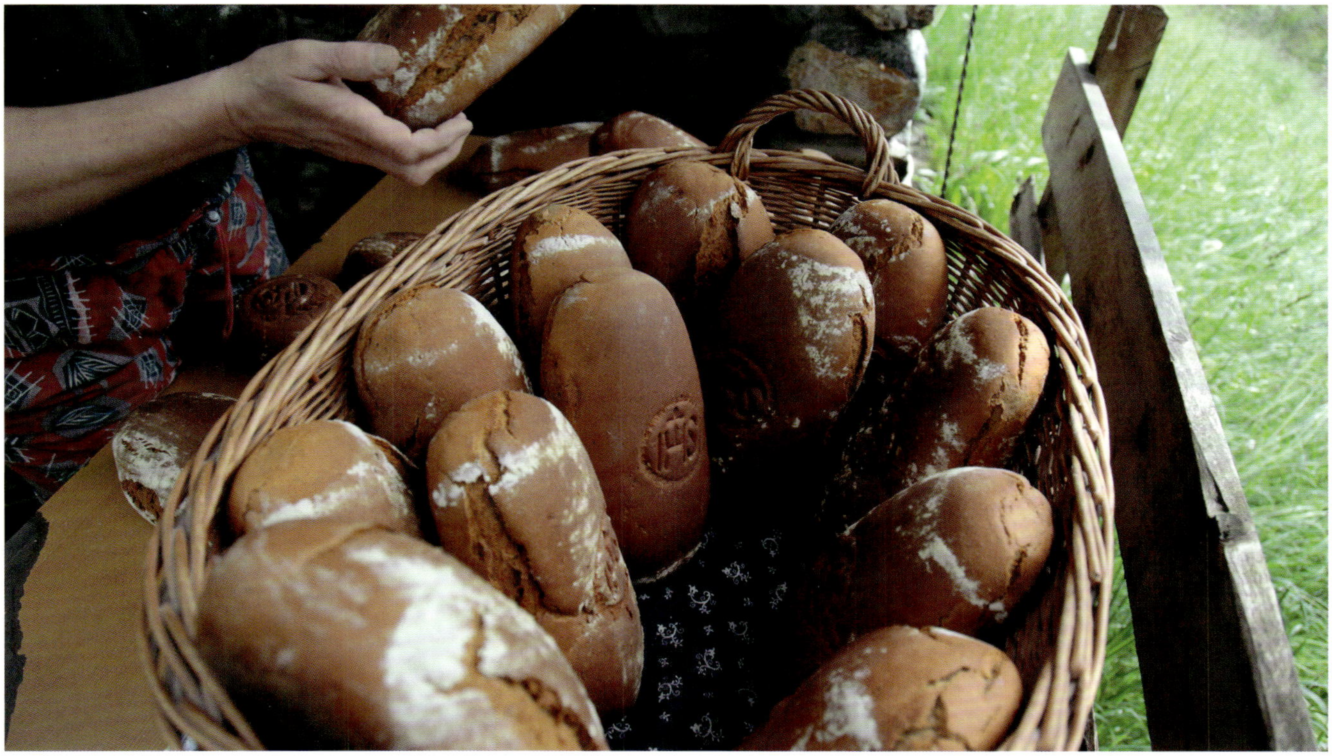
IHS

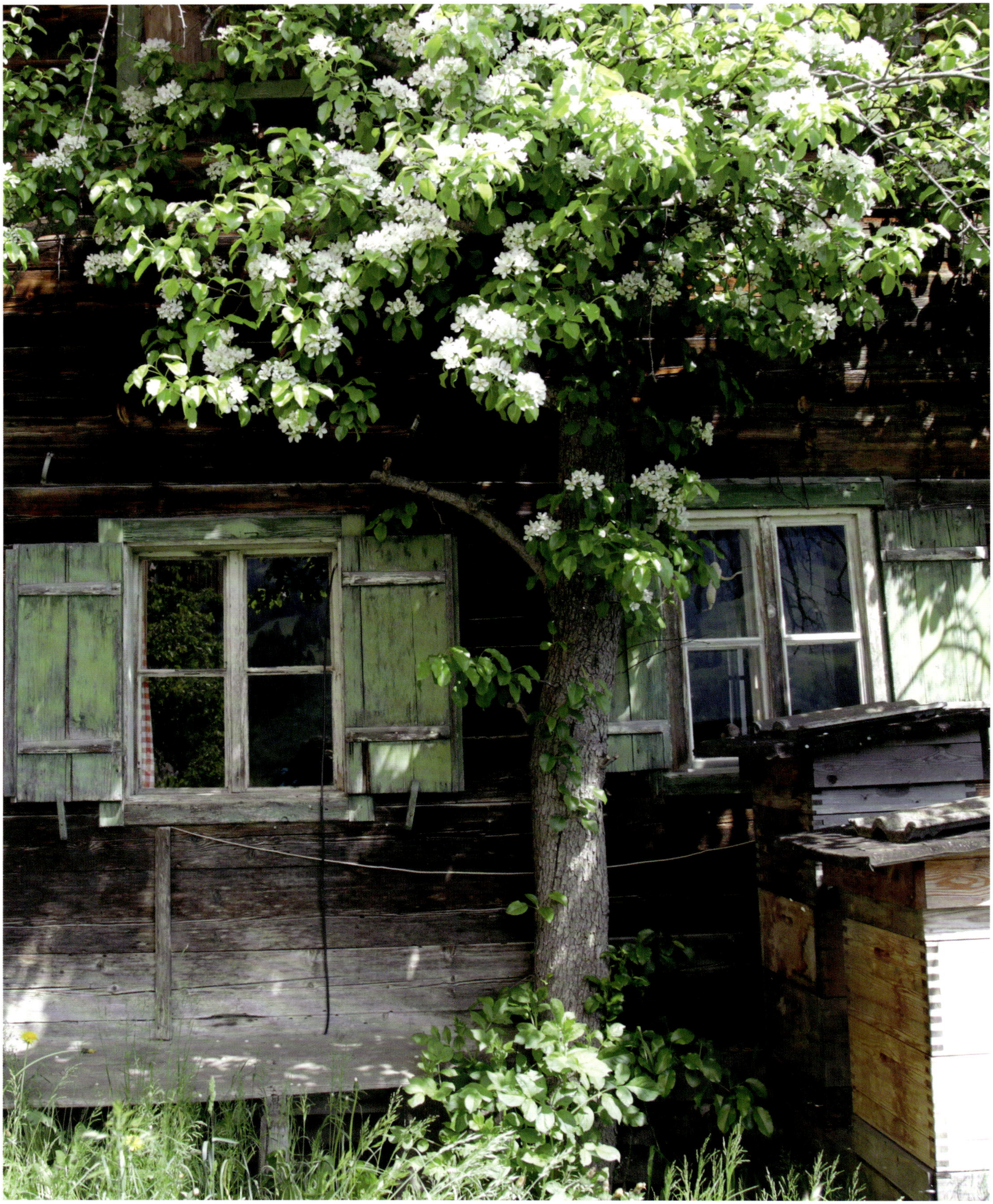

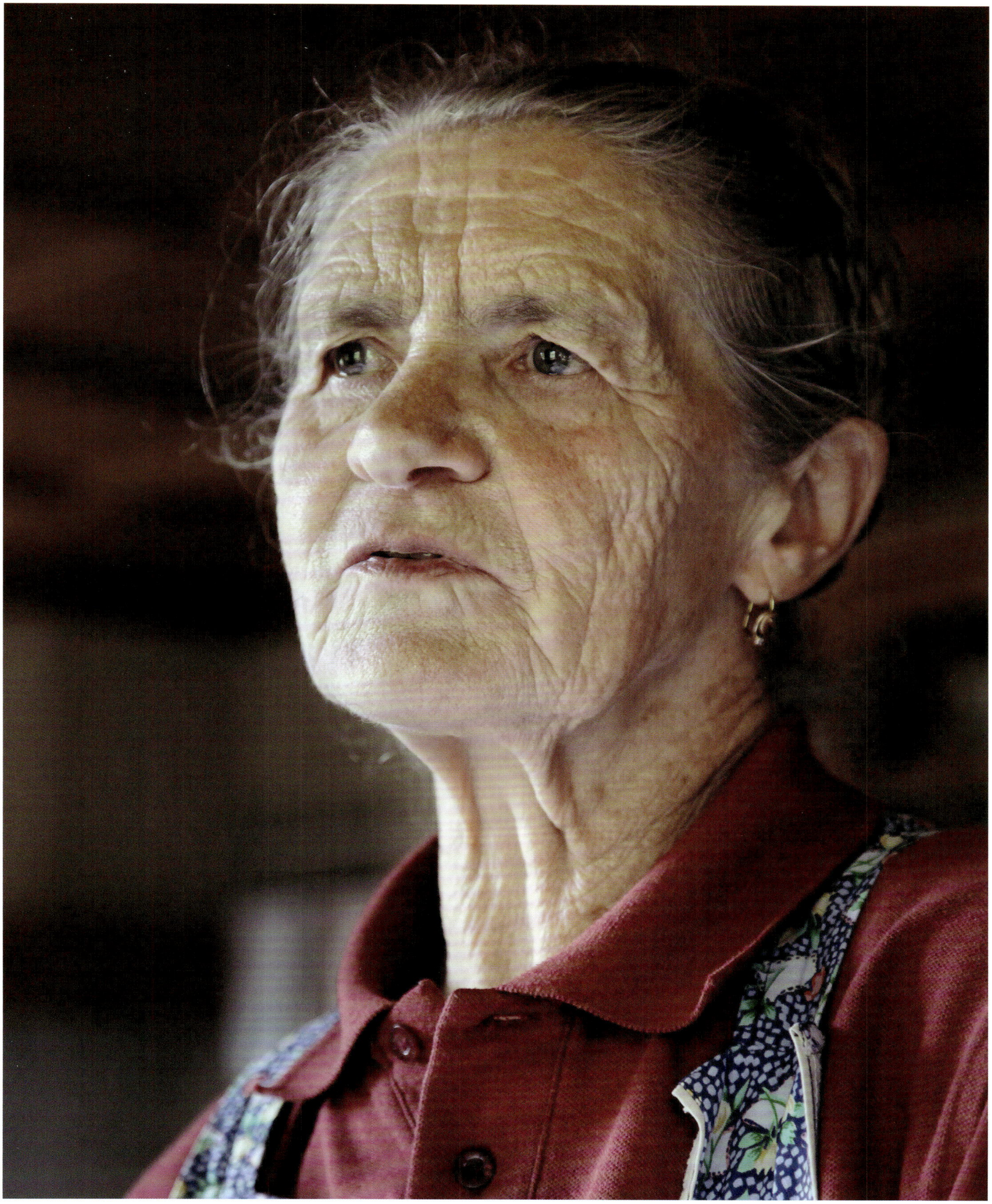

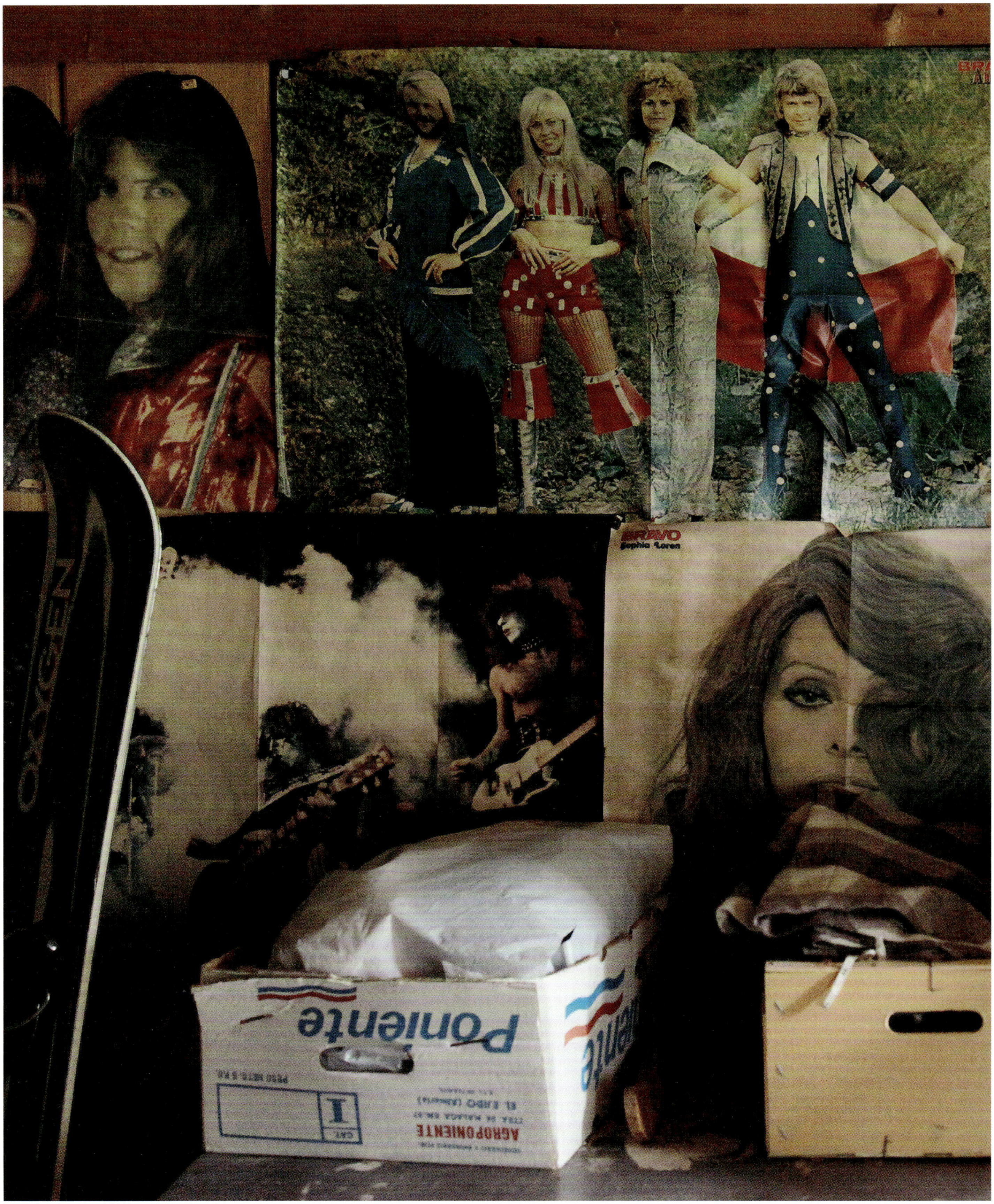
BRAVO
Sophia Loren
OXYGEN
Poniente
AGROPONIENTE

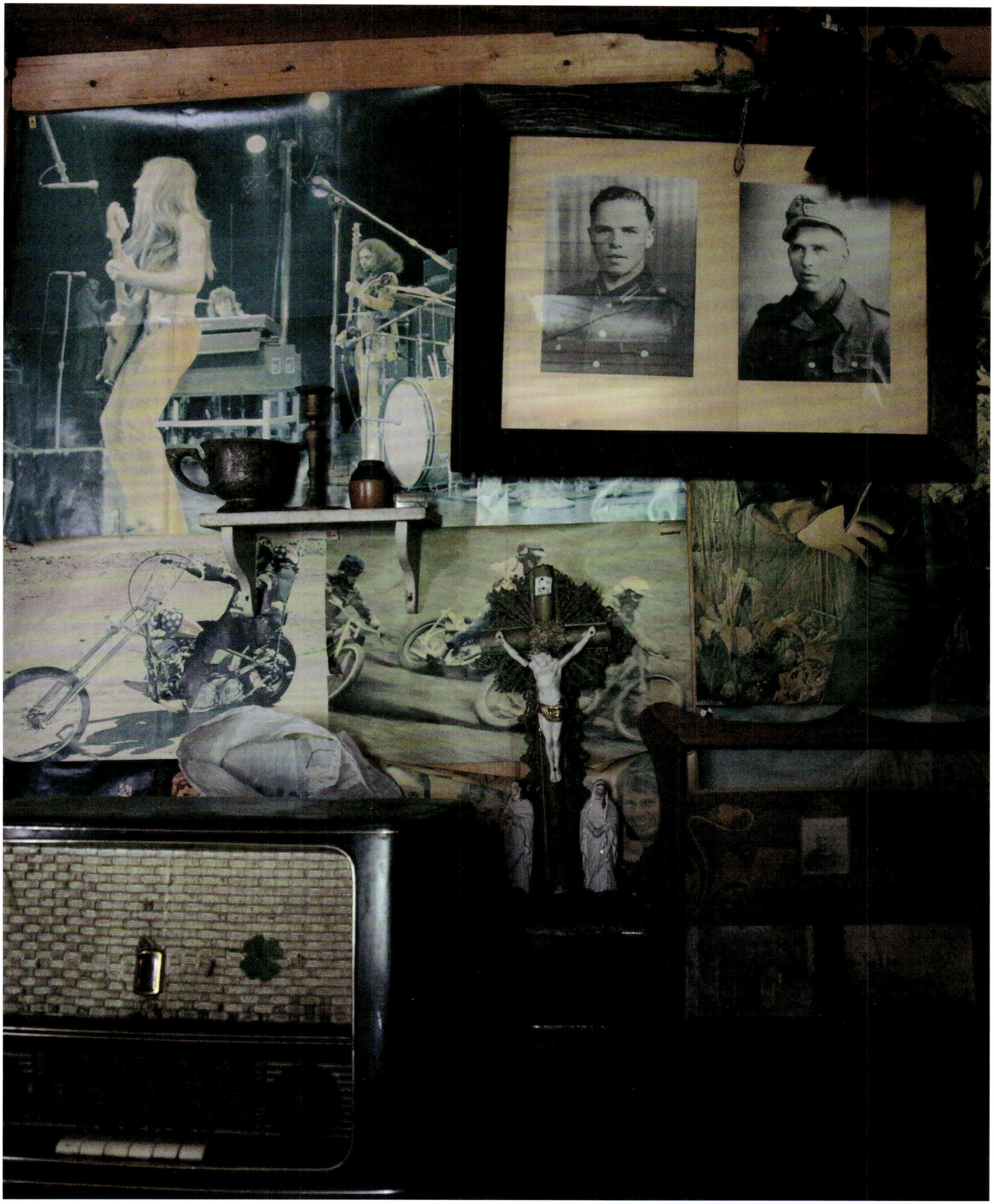

IN DUNKLES TUCH GEWOBEN

Ingrid Loitfellner-Moser

Mit schweren Bergschuhen an den Füßen laufen wir hinter den Rindern durchs knietiefe Gras. Den Morgentau streifen wir auf unsere Hosen. Nass bis an die Oberschenkel beginnt der Tag, beginnt der Weg in die Berge.
Schaulustige fahren ab sechs Uhr morgens nach Bucheben zum Hengstauftrieb, um jenem Naturschauspiel beizuwohnen, das den Sommer über die Rangordnung der Hengste auf den Almen festlegt.
Es ist das Wochenende nach Sommerbeginn.
Die Autos müssen angehalten werden, wenn wir unsere Rinder von den Wiesen weg, entlang der Landesstraße leiten müssen. Dann biegen wir in den Ort ein. Von den Balkons der Hotels winken, fotografieren und filmen Neugierige, die durch die weithin zu hörenden Kuhglocken geweckt wurden.

Der, der vorne geht, ruft in gleichförmigem Singsang den Tieren, drosselt das Tempo. Die kommende Steigung muss mit den Rindern langsam bewältigt werden. Von den nass geschwitzten Fellen der Tiere steigt Dampf auf. Wir halten mit unseren Kräften Haus. Der Weg ist noch lang. Neun Kilometer und achthundert Höhenmeter werden wir gemeinsam mit den Rindern zurücklegen. Der, der hinterher geht, achtet darauf, dass die Herde zusammen bleibt, kein Rind links oder rechts des Weges in den Wald läuft oder den steilen Abhang hinunterfällt. Stierige Kalbinnen bringen Unruhe in die Herde.
Nach vier Stunden Fußmarsch angekommen an der Waldgrenze, treiben wir die Tiere auf die freie Almfläche. Das Gras ist gut gewachsen im kurzen Frühling zwischen Schneeschmelze und beginnendem Hochgebirgssommer.

Wir klopfen den Tieren auf den Rücken. Ich suche nochmals jede einzelne Kuh mit meinen Augen und sage leise „In Gottes Namen".

Hier oben am Almboden sind wir mit der Sonne zusammengetroffen. In ihren Strahlen kondensiert der morgendliche Tau. Ein Glitzern und Dampfen. Ein Blick zurück. Wir gehen.

Die Rinder bleiben hier, bis mit dem ersten Septemberwochenende der Hochgebirgssommer zu Ende ist. Dass die Rinder in diesen zehn Wochen auf der Hochalm mindestens einmal für ein, zwei Tage im Schnee stehen werden, ist der Regelfall.

Auf dem Rückweg geben wir die Auftriebsliste ab. Die Ohrmarkennummern, das Geburtsdatum aller Jungrinder und die benötigten Impfungen für die Genehmigung zum Almauftrieb sind vermerkt.

Zurück am Hof gehe ich ins Büro, checke die E-Mails, beantworte die englischsprachige Buchungsanfrage. Binnen zwei Stunden sollte, so wird es empfohlen, eine Rückmeldung an den Gast erfolgen. Danach sinkt die Wahrscheinlichkeit, eine Anfrage in eine Buchung verwandeln zu können, rapide. Ich warte unsere Inserate und die Buchungskalender unserer Werbeeinschaltungen in diversen Internetportalen.

In der Küche jausnen wir zusammen. Die Schwiegereltern und zwei Nachbarn haben uns mit den Tieren auf die Alm begleitet. Bäuerliches und Dörfliches wird besprochen.

Es ist knapp vor Mittag. Die Tiere sind auf der Alm. Weitere Sommerarbeit ruft. Die Maschinen werden gewartet. Der zweite Grasschnitt steht an, wenn das Wetter gut bleibt. Mein Mann vergleicht mehrere Wetterberichte im Internet, wägt ab, ob er mit dem Grasschnitt beginnen kann. Er verschiebt den Termin mit dem Bauern für die Forstbegehung, für den er den digitalen Waldbewirtschaftungsplan erstellen soll.

Die Kinder wollen ins Schwimmbad. Ich sehe in den E-Mails nach, ob die Gäste, die bei uns diese Woche ihren Bauernhofurlaub verbringen werden, angegeben haben, ob sie bereits am Nachmittag oder erst am Abend anreisen wollen, um dem Wunsch unserer Kleinen, zu planschen, springen und schwimmen, nachkommen zu können.

Als ich vor Jahren als Ost-Österreicherin in unserer Bundeshauptstadt die Idee gebar, einen Sommer als Sennerin auf einer Alm zu verbringen, um die Herstellung von Käse und Butter zu erlernen und den Bergen ganz nah zu sein, wurde mir eine Stelle auf einer Alm im Raurisertal angeboten.

Rauris musste ich erst mit Hilfe der angegebenen Koordinaten auf meiner Österreichkarte suchen. Als ich zum ersten Mal hierherfuhr, dachte ich: „Jetzt hört die Welt gleich auf."
Dann wurde ich ganz ehrfürchtig, als ich feststellte, dass Arnika Montana und Aconitum Napellus, diese mächtigen Arzneipflanzen, auf den Wiesen vor meiner Almhütte blühten. Das Murmeltier stand, noch bevor die Wanderer zur Alm kamen, vor seinem Bau und gab seinen markanten Pfiff ab, wenn es Gefahr witterte. Ich drückte bei grollenden Gewittern meinen Kopf, um mein Leben bangend, ins Kissen und stand im Juli mit meinen Kühen im Schnee.

Die österreichischen Alpen. Die Hohen Tauern. Ich war mitten drin. Ein Faltenwurf, wie von ungefähr über diesen Flecken Erde geworfen. Millionen Jahre alt, mächtig, von unendlicher Kraft. Wasser und Wind tragen den Stein zu Tal. Pionierpflanzen siedeln sich an, zersetzen, sterben ab, bilden Humus. Eine dünne Schicht, nicht viel, aber genug, dass weiteres Leben sich entwickeln kann und, unendlich viel später, Menschen hier ihre Siedlungen errichten konnten.

Gesichter des Tales. Allen voran sind es die Menschen, die diesem Tal den unverwechselbaren Charakter geben. Freude, Glück, Feiern, Trauer oder Leid – Vieles wird gesehen, miteinander erlebt, ist schwer zu verbergen. Es kann Geborgenheit sein oder Enge, Interesse am Mitmenschen oder ungebührende Neugier, kann beglücken oder wahnsinnig machen.
Das Wir-Gefühl wird durch gemeinsames Feiern bekräftigt.
Nach schweren Gewittern und Murenabgängen wird die Ache zum tosenden, braunschwarz schäumenden, nach Erde und Schlamm stinkenden Fluss und reißt manches Menschenleben mit sich. Ins Wasser gehen oder sich aufhängen. Die Suizidrate so mancher Hochgebirgstäler liegt über dem österreichischen Durchschnitt. Wenn nach wenigen Tagen viele Dorfbewohner einem Menschen das letzte Geleit geben, fließt wieder klares Wasser die Ache entlang.

Frisch geschnittenes Holz riecht unvergleichlich: die seltene, wertvolle Zirbe, die fasrige Lärche, deren Stämme sich gut zu Holzschindeln spalten lassen, die allgegenwärtige, als Nutzholz bedeutende Fichte. Geschnittene Erle leuchtet zu Beginn weithin mit roten Anschnitten der Stämme, die bald im Licht verblassen.
Die Bauern werden weniger werden, der Wald wird wachsen. Mit verschiedenen forstwirtschaftlichen Programmen versucht man von landwirtschaftspolitischer Seite, Anreize zu schaffen, Holzressourcen nicht nur zu horten, sondern in den Umlauf zu bringen. Seit 1961, dem Gründungsjahr der Österreichischen Waldinventur, ist die Waldfläche im Bundesgebiet um insgesamt 300.000 Hektar angewachsen. Vorarlbergs Landesfläche beträgt 260.000 Hektar.

Seit 1990 hängten 150.000 österreichische Bauernfamilien ihre landwirtschaftliche Tätigkeit für immer an den Nagel.
Jede unserer Mahlzeiten stammt von vielen Stücken Land. Irgendwo auf dieser Erde.

Der Kühlschrank ist leer. Ich mache mich auf den Weg durch die Rauriser Marktstraße – die Kommunikations-Hauptverkehrsader im Tal. Das ist mehr, als Lebensmittel einzukaufen und seine Besorgungen zu machen. Die Menschen grüßen einander, ein Lächeln, ein Smalltalk ist immer drin, der Schmäh rennt. Vielleicht trifft man den einen oder anderen, mit dem man gerade eine Veranstaltung plant oder man wird gleich selber zur Mithilfe oder Mitorganisation einer Veranstaltung eingespannt. Mit einem Lächeln natürlich, ganz so nebenbei.
Eine betagte Frau kommt mir mit dem Fahrrad entgegen. Den Einkauf nach Hause zu tragen, wäre ihr zu schwer, sie packt ihn auf ihren Drahtesel. Wir plaudern ein wenig. Und während sie spricht, verliere ich mich in ihr Gesicht, das mir eine Geschichte zu erzählen beginnt, eine lange, eine verwinkelte. Vom Leben selbst dorthin geschrieben, in die Hände gezeichnet, vom Körper getragen. Das Schaffen, die Freuden, den Schalk und den Schabernack, die Sorgen, die Ängste, das Leid. Worüber wir sprachen, habe ich vergessen. Die Geschichte ihres Gesichts klingt lang noch nach, als sie mit ihrem Fahrrad längst am anderen Ende der Marktstraße verschwunden ist.

Die Großen fressen die Kleinen. In unserem Gebirgsort gibt es keinen Fleischhauer und keinen Bäcker mehr, viele Auslagen ehemaliger Geschäfte sind leer. In einer Bäckerfiliale kaufe ich unser täglich Brot. An der Supermarktkassa einer österreichweit agierenden Handelskette piepst das Gerät für die Bankomatkartenzahlung schon zum dritten Mal. Mein Einkauf fällt beinahe vom Band. Es ist kurz vor Ladenschluss. Die Verkäuferin sieht meine Hektik, hat noch ein Lächeln für mich und meint „Loss dir glei dawei!" (Lass dir nur Zeit!).

Nach dem Wochenende werde ich wieder arbeiten gehen. Teilzeitbeschäftigung in der Entwicklungsförderung von Kindern mit Behinderung. Eine herausfordernde Tätigkeit. Ein interessanter Ausgleich zur Arbeit am Hof. Die ständige Anforderung an Aus- und Weiterbildung. Wohl aber auch das „aus dem Tal müssen", um zu sehen, wie anderswo der Horizont verläuft.
Teilzeitbeschäftigung, um die von der Landwirtschaft zugeworfenen Spielbälle jonglieren zu können. Momentan mit positiver Auswirkung auf das Familieneinkommen und langfristig gesehen mit negativen Auswirkungen auf soziale Absicherung und Pension, so wir im Rentenalter noch eine bekommen werden.

Es wird immer schwieriger, für seine Milch einen Preis zu bekommen, der die Vollkosten der Produktion deckt. Viele wirtschaftliche Standbeine sind gefragt, viele Bereiche müssen gleichzeitig in Schwung gehalten werden, um Jahrhunderte alte Gebäude zu erhalten, Maschinen zu erneuern, zukunkftsorientiert zu investieren und einen zeitgemäßen Lebensstandard führen zu können.

Zwei unserer Kalbinnen sind beim vergangenen heftigen Gewitter in ihrem Unterstand im Jungwald vom Blitz erschlagen und erst nach einigen Tagen entdeckt worden. Ihre Pansen sind schon aufgebläht. Mit Äxten und Messern machen sich unsere Männer auf den Weg, um die bereits in Verwesung befindlichen Tiere zu zerteilen und aus dem Wald zu ziehen. Erfolgreich wurde in Rauris ein Wiederansiedelungsprojekt von Geiern durchgeführt. Ihr Tisch ist gedeckt.
Zu Hause angekommen, loggt sich mein Mann bei E-AMA, dem Internetservice-Portal der Agrarmarkt Austria, ein und meldet die Tiere als verendet. Jeder Zugang von Tieren am Hof durch Geburt oder Kauf und Abgang durch Tod oder Verkauf muss binnen sieben Tagen per Fax oder via Internet an die zentrale Datenbank der AMA gemeldet werden. Versäumnisse werden durch engmaschigere Betriebskontrollen oder im schlimmsten Fall mit Rückzahlungsforderungen der Agrarförderung geahndet.

Unsere zahlreichen Katzen trinken siebenhundertdreißig Liter Milch pro Jahr.
Die Hühner bekommen dreihundertzweiundsechzig Liter.
Die Kälber saugen sechstausendsechshundertachtzig Liter Milch.
Unsere siebenköpfige Familie verbraucht siebenhundertachtunddreißig Liter und die Gäste trinken einhunderteinundvierzig Liter pro Jahr.
Wir sind verpflichtet diese Aufzeichnungen zu führen und an die AMA weiterzuleiten.
Darüber hinaus beliefern wir den österreichischen Milchmarkt mit 105.000 Litern Milch pro Milchwirtschaftsjahr. Der durchschnittlich große Bauer in Dänemark produziert im selben Zeitraum 716.000 Liter.

So ein schönes Bild, wie die junge, gutaussehende Frau mit karierter Trachtenbluse vor atemberaubender Bergkulisse die Milch aus der Milchkanne gießt. Bei solchen Bildern sperren wir weit unsere Schnäbelchen auf. Diese Ursprünglichkeit und Behutsamkeit im Umgang mit Lebensmitteln lassen wir uns gerne verfüttern.
Nein, nein! Nicht die profitgierigen Macher der Marketingabteilungen. Die vermarkten nur gekonnt die Bilder, die jeder Konsument mit jedem Produkt mitkaufen will.

Bei Zahnpasta zum Beispiel ist es ein als Wissenschaftler ausgewiesener Mann in weißem Kittel, der neueste Forschungsergebnisse präsentiert. Dafür sperren wir hier unser Schnäbelchen auf.

Ein Standbild über das Leben einer Bergbauernfamilie – wenigstens hier wollen wir glauben, sei die Ursprünglichkeit noch zu Hause, die tiefe Verwurzelung mit der Natur, die Bescheidenheit der Menschen, auch mit ganz wenig richtig glücklich zu sein!
Ein Standbild, an dem festgehalten wird, wie an den Volksmärchen der Gebrüder Grimm. Die darin agierenden Menschen haben dieses Bild längst verlassen und sind weitergezogen.
Mit Urlaub am Bauernhof tragen wir das Bild des Bauern in die Welt hinaus. Wir stellen uns der Diskussion mit unseren Gästen aus Saudi-Arabien, Amerika, Italien, Deutschland oder Österreich. Nein. Niemand, nicht einmal die Kinder glauben es, dass Kühe lila sind.
Wir lassen sie teilhaben an dem, was unser Leben bestimmt, welche Fragen uns beschäftigen, wo wir selber aktiv werden müssen und wovor die Politik unserer Meinung nach die Augen verschließt.

Wir beenden unseren Familienurlaub am Mittelmeer einen Tag früher, da wir die Vorbereitungen für den Almabtrieb treffen müssen. Meine Schwiegereltern übernehmen in unserer Abwesenheit die täglich anfallende Arbeit am Hof.

Es wird einer der letzten warmen Sommerabende sein. Früh im Herbst spürt man die Höhenlage, bald schon kann der Schnee von den Bergrücken schauen.

Es ist ruhig am Hof und schon spät am Abend. Ich sitze vor unserem Bauernhaus. Die Nachbarn haben Gras gemäht. Ich atme diesen unvergleichlichen Geruch tief ein, um ihn in meinem Gedächtnis einzuprägen und wachzuhalten für die langen Wintermonate. Von den Hängen sind die Glocken weidender Kühe zu hören.
Dreihundert Jahre alt ist das Holz unseres Hauses, an dem ich jetzt lehne. Tagsüber hat es die Sonnenstrahlen gespeichert. Jetzt wärmt es meinen Rücken.
Mit Einbruch der Dämmerung fliegen Fledermäuse vom Gebälk des Dachstuhls in die Nacht.
Ich schaue taleinwärts und horche und rieche und sitze und warte, bis ich sie sehe:
Von einem Bergrücken zum nächsten – in dunkles Tuch gewoben, die Sterne.

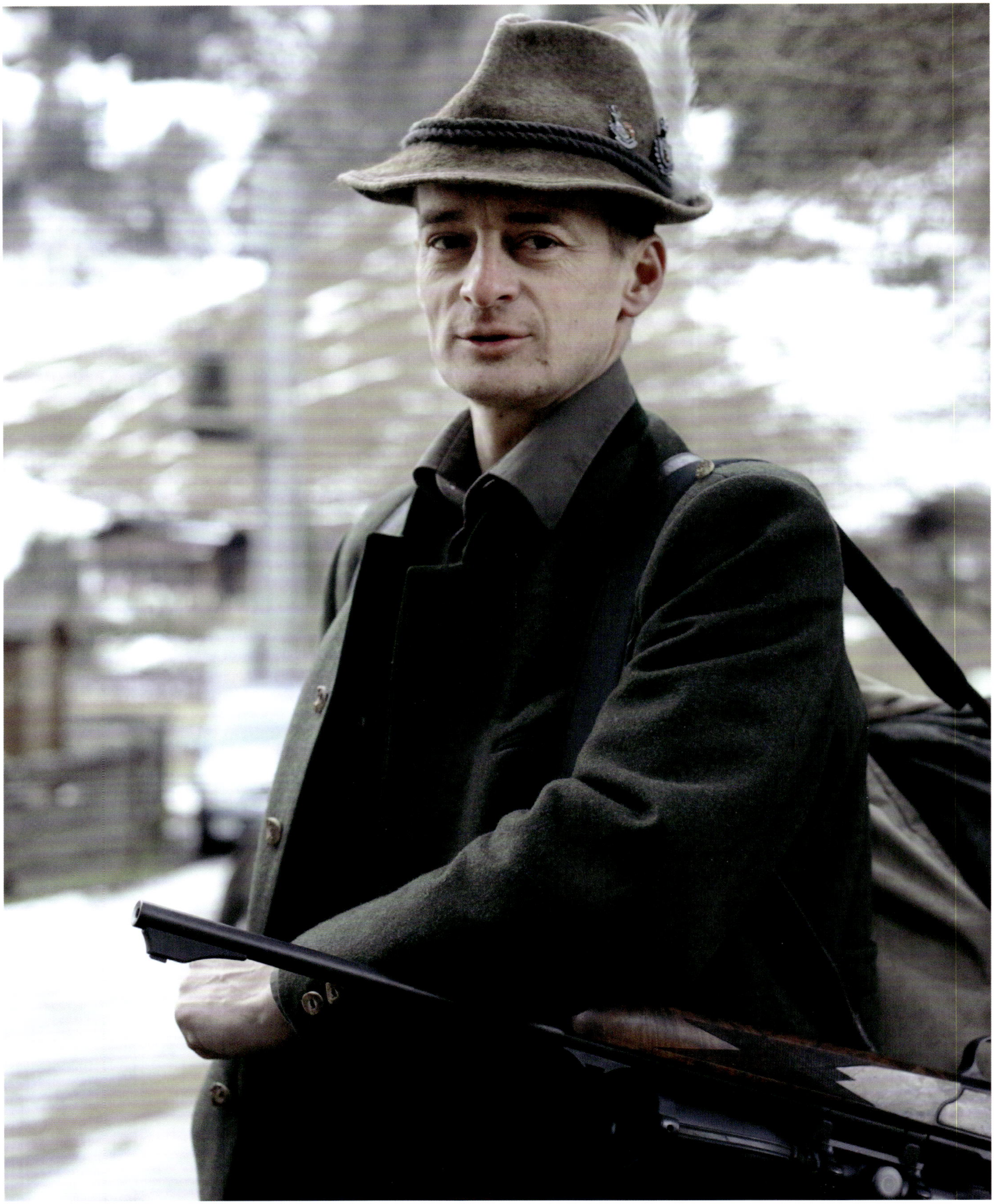

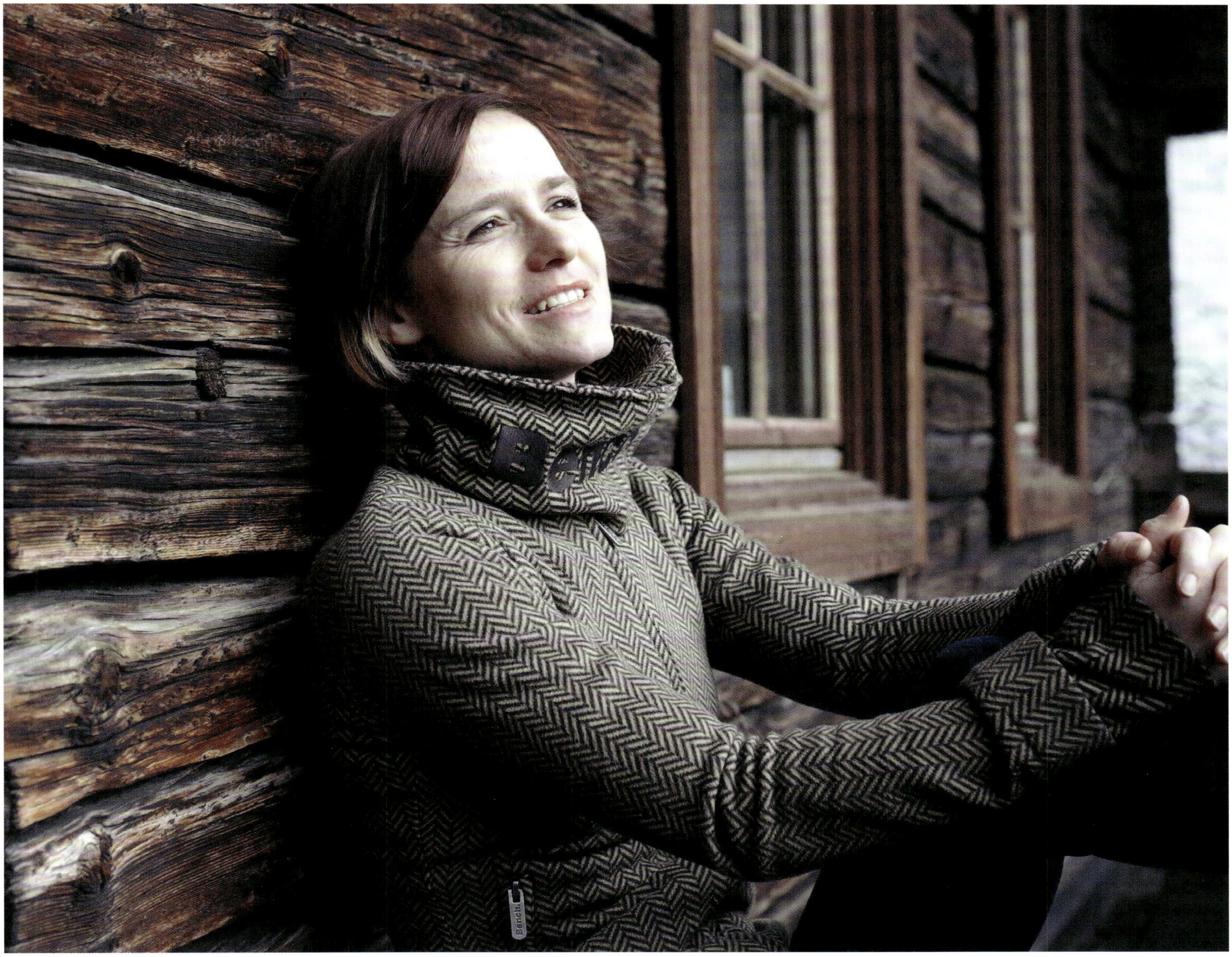

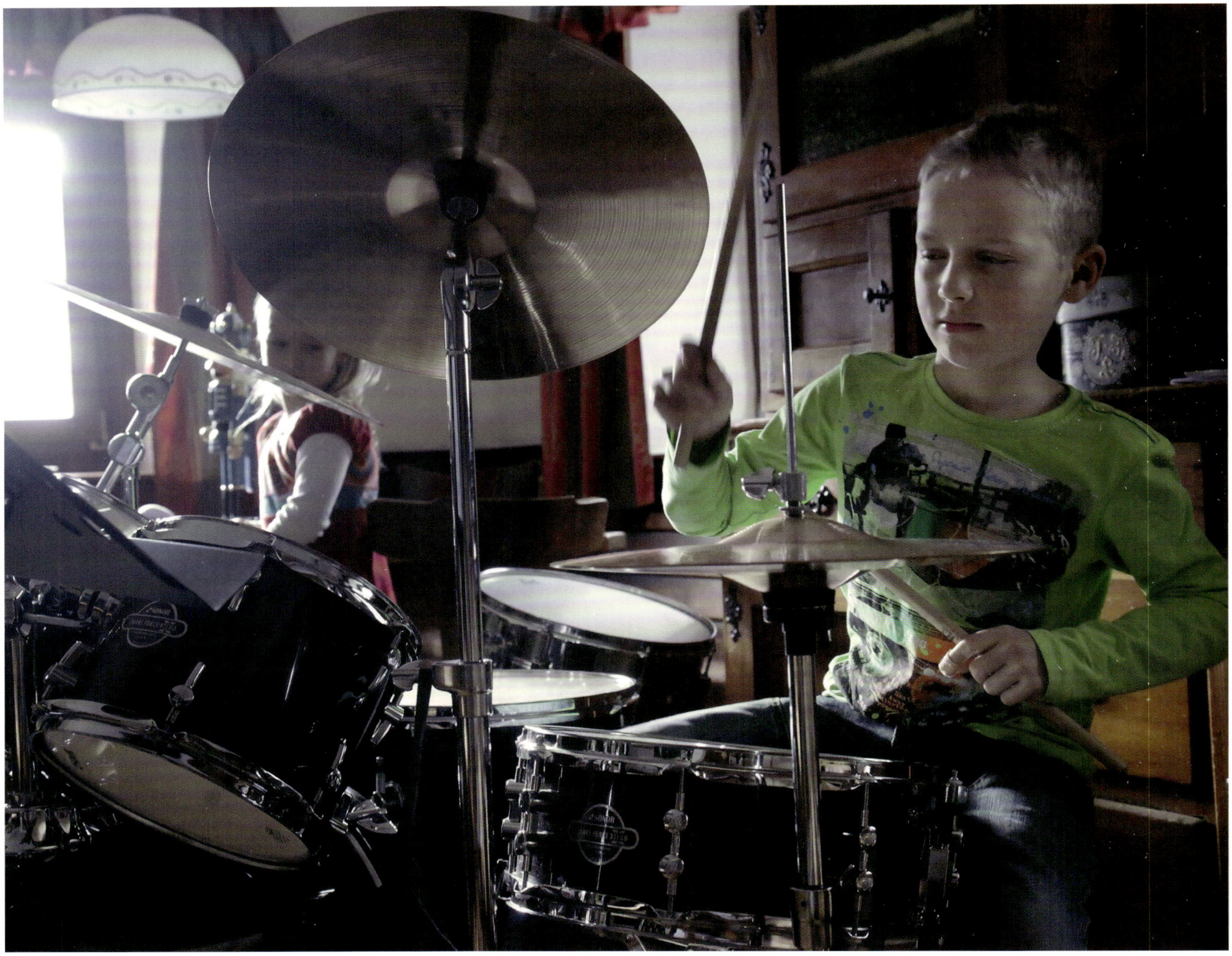

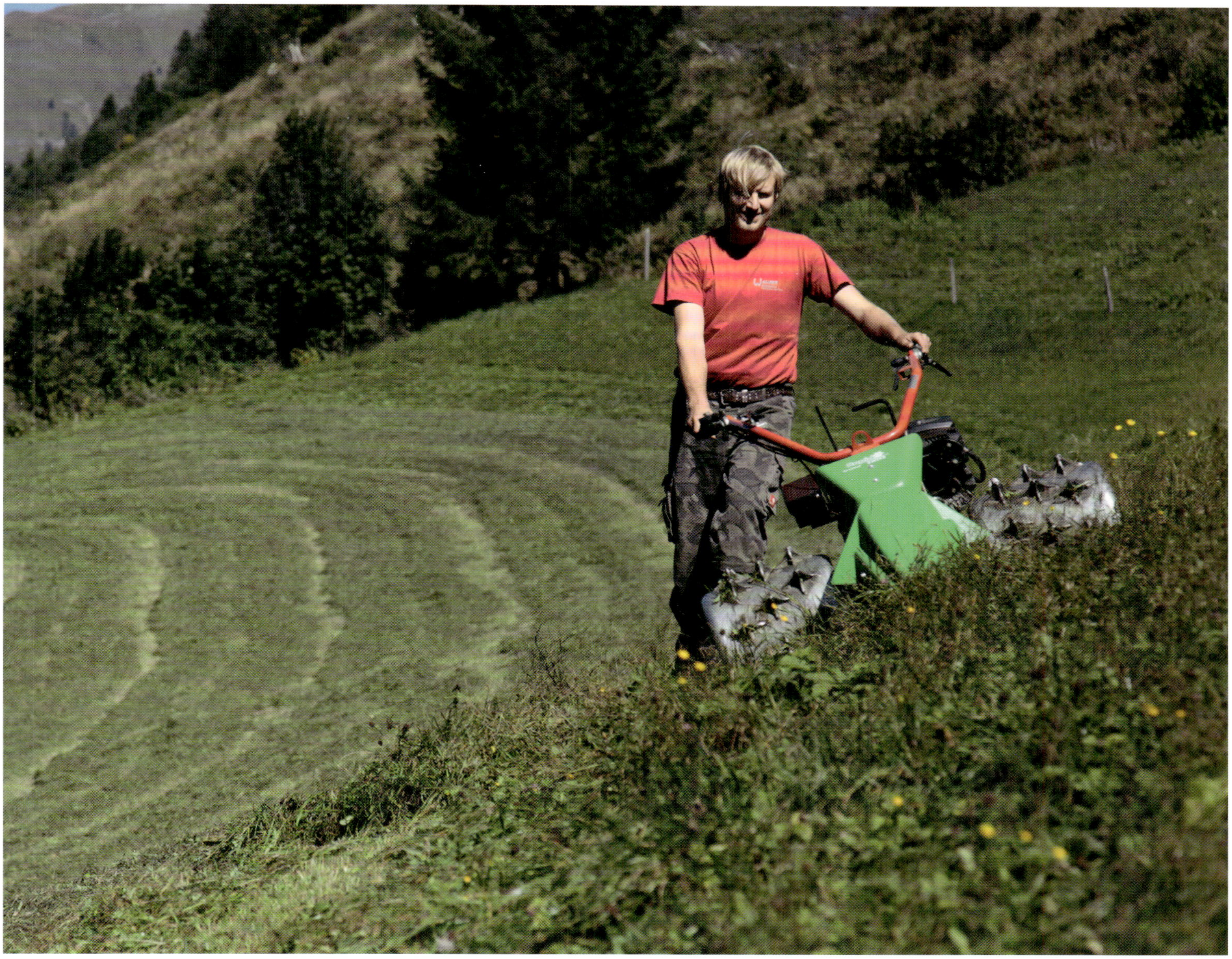

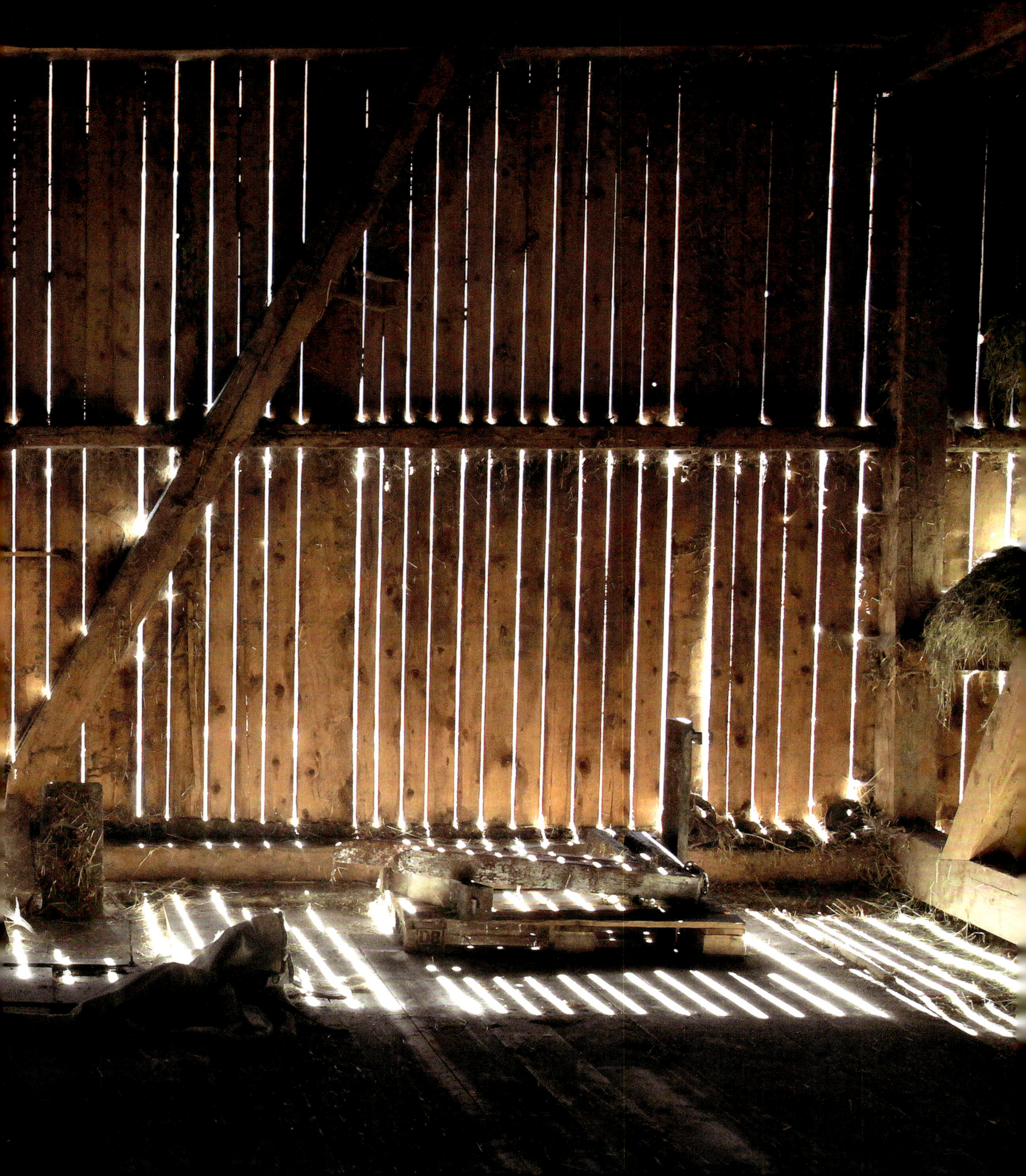

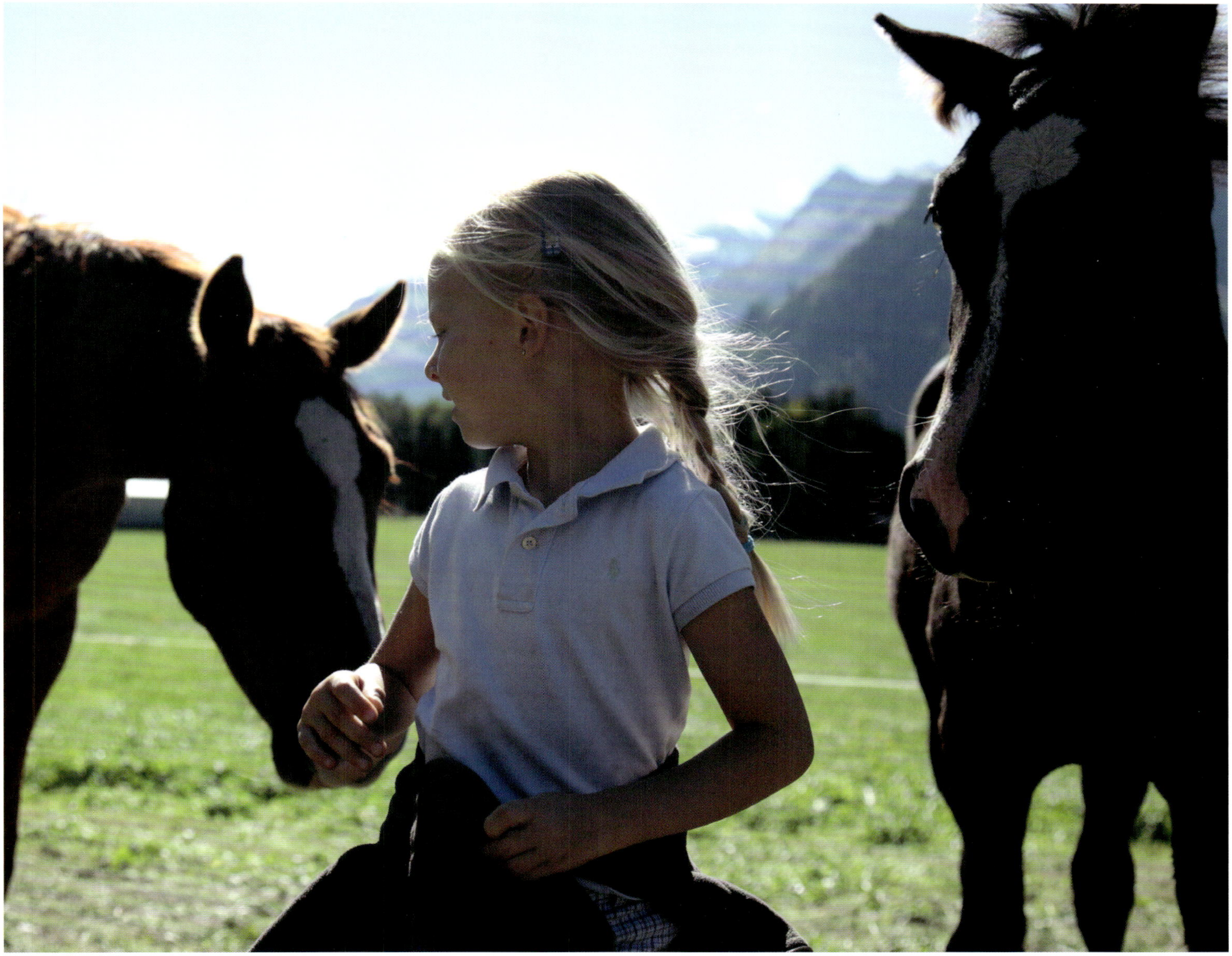

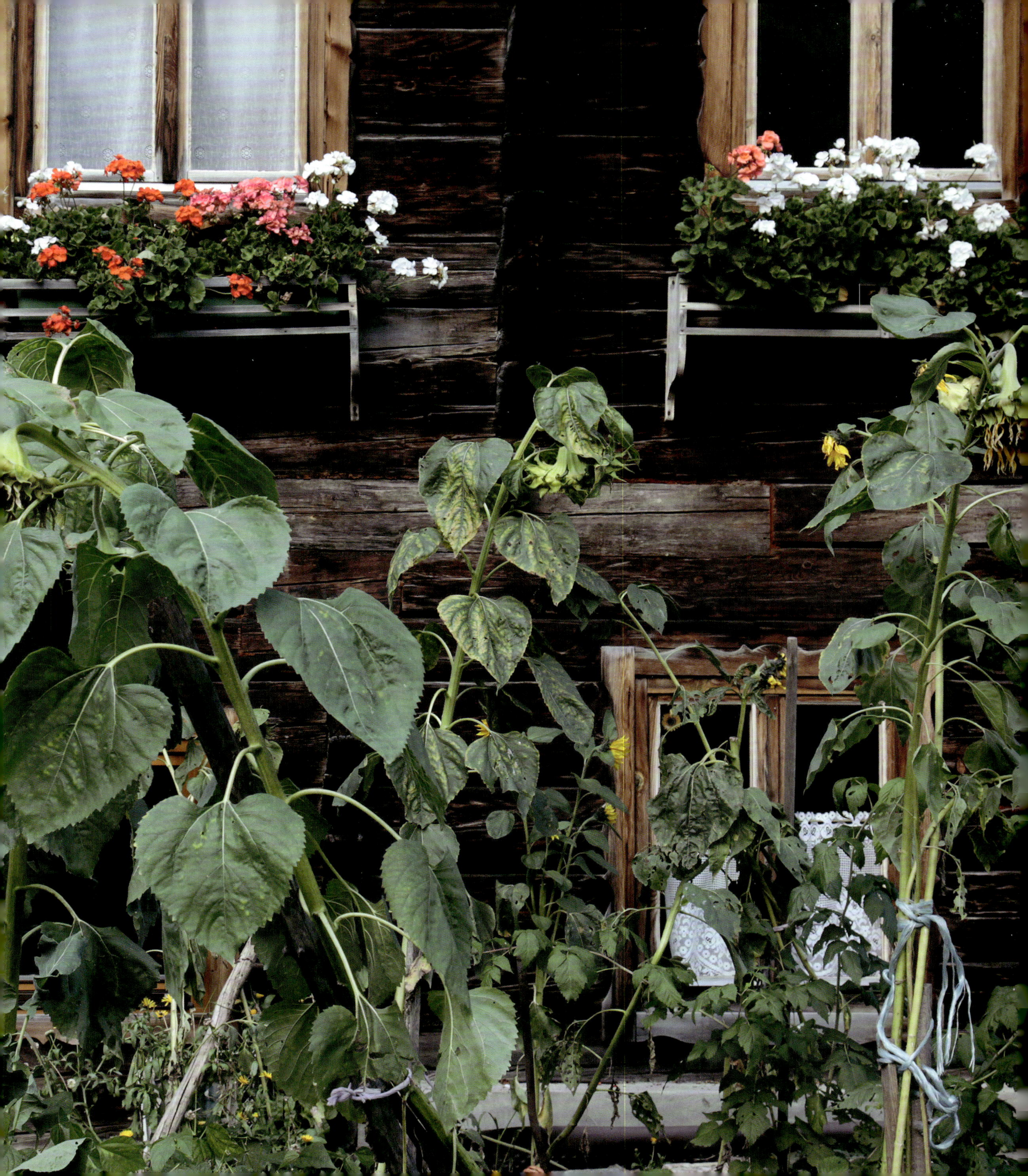

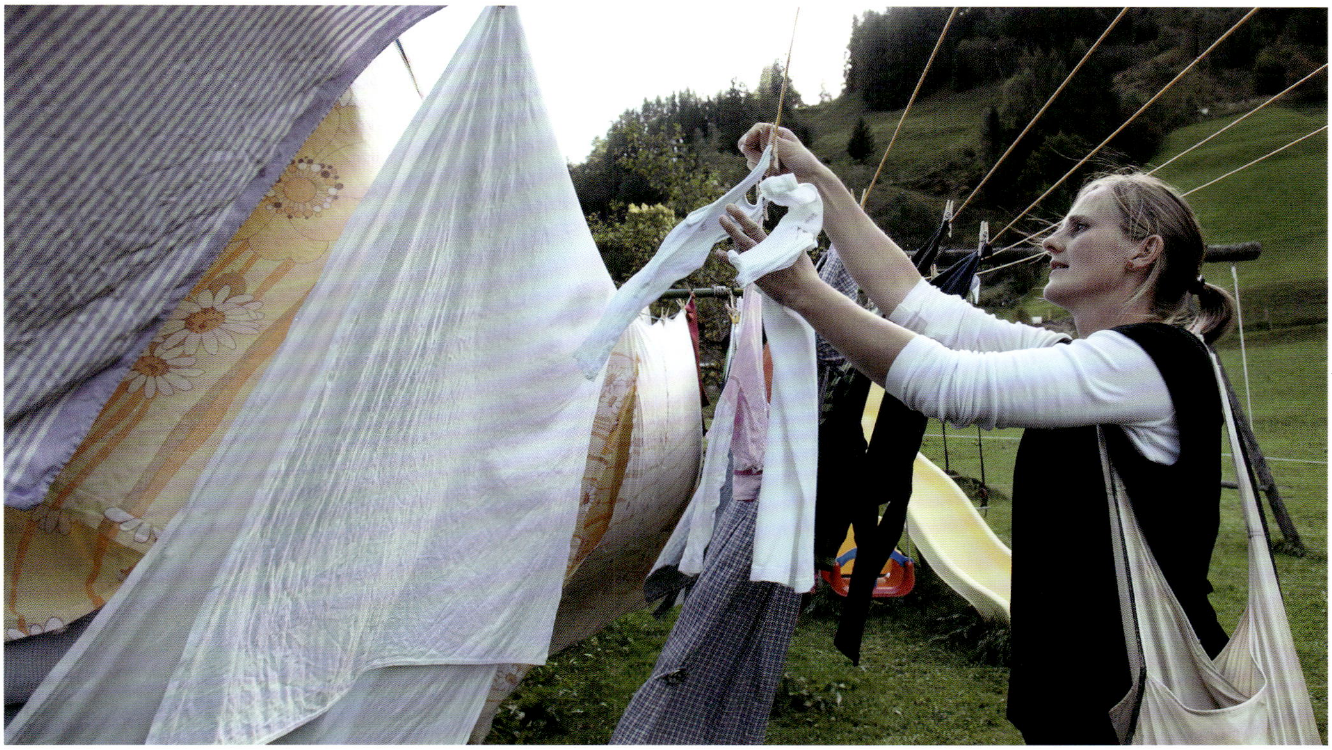

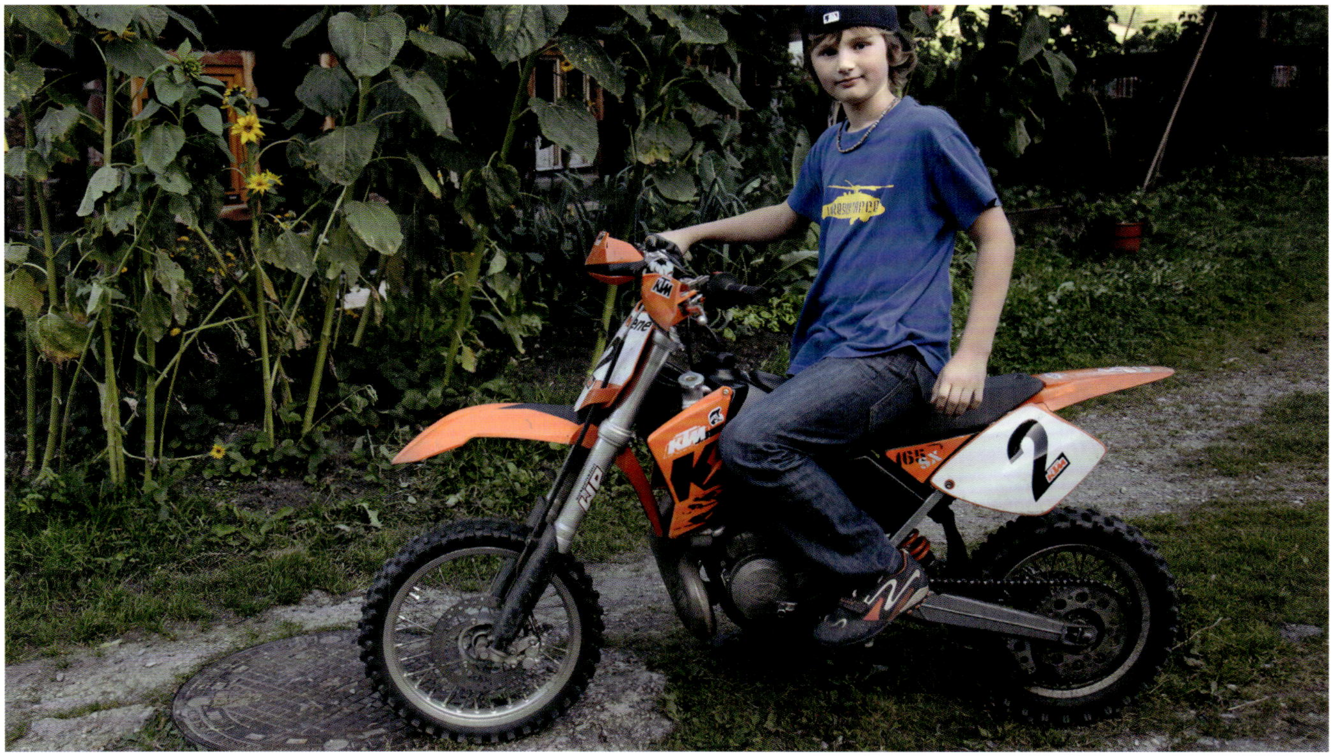
KTM
2

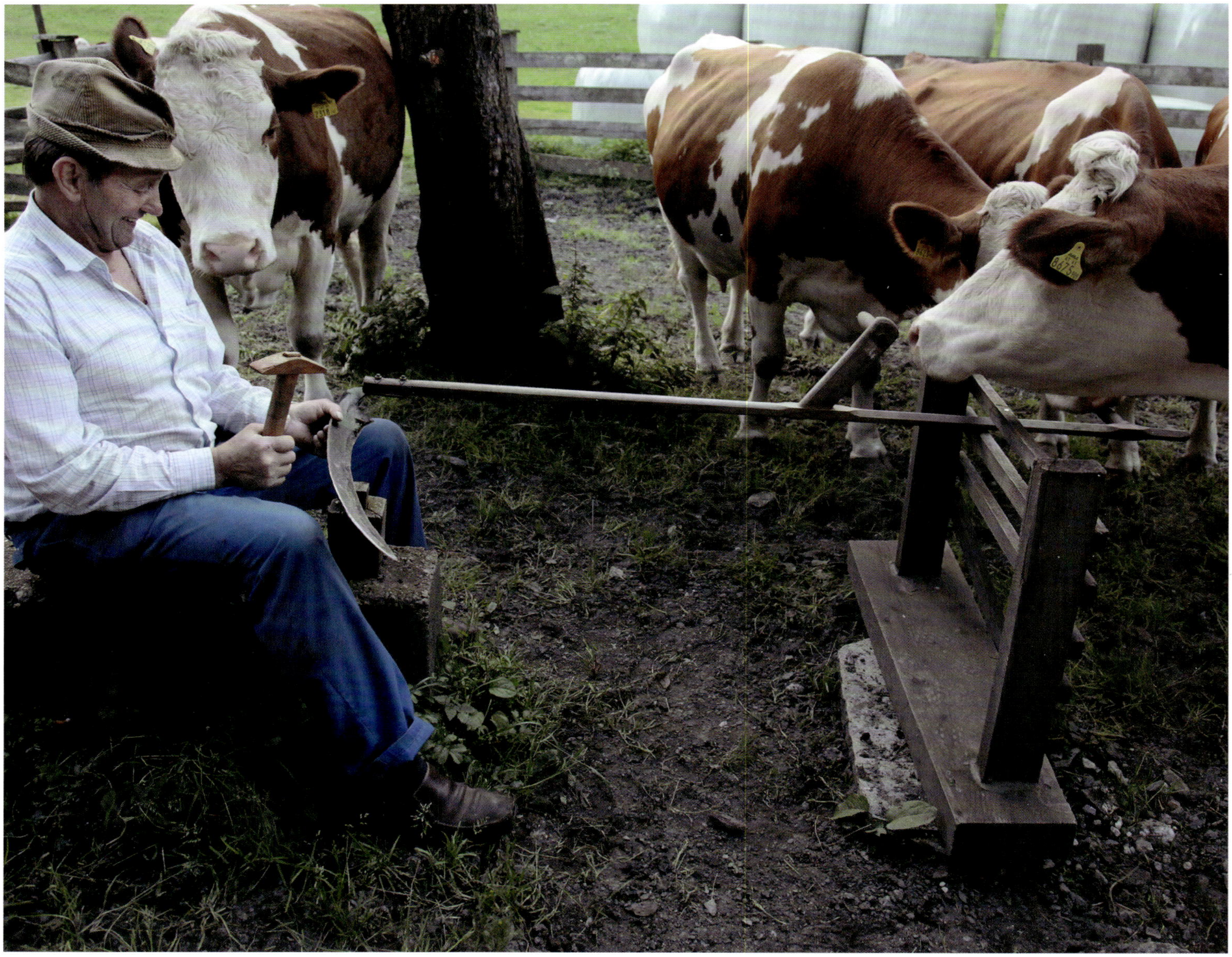

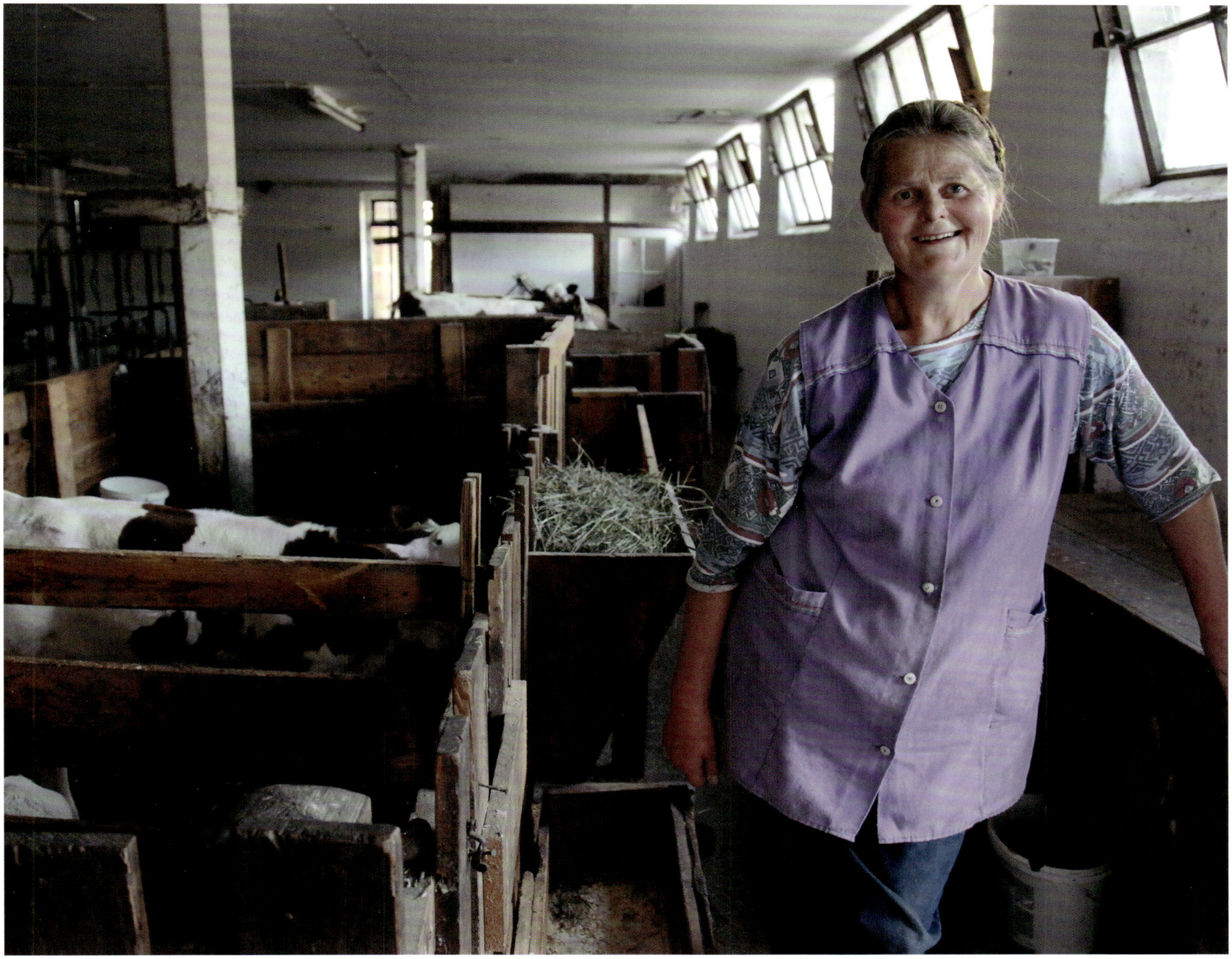

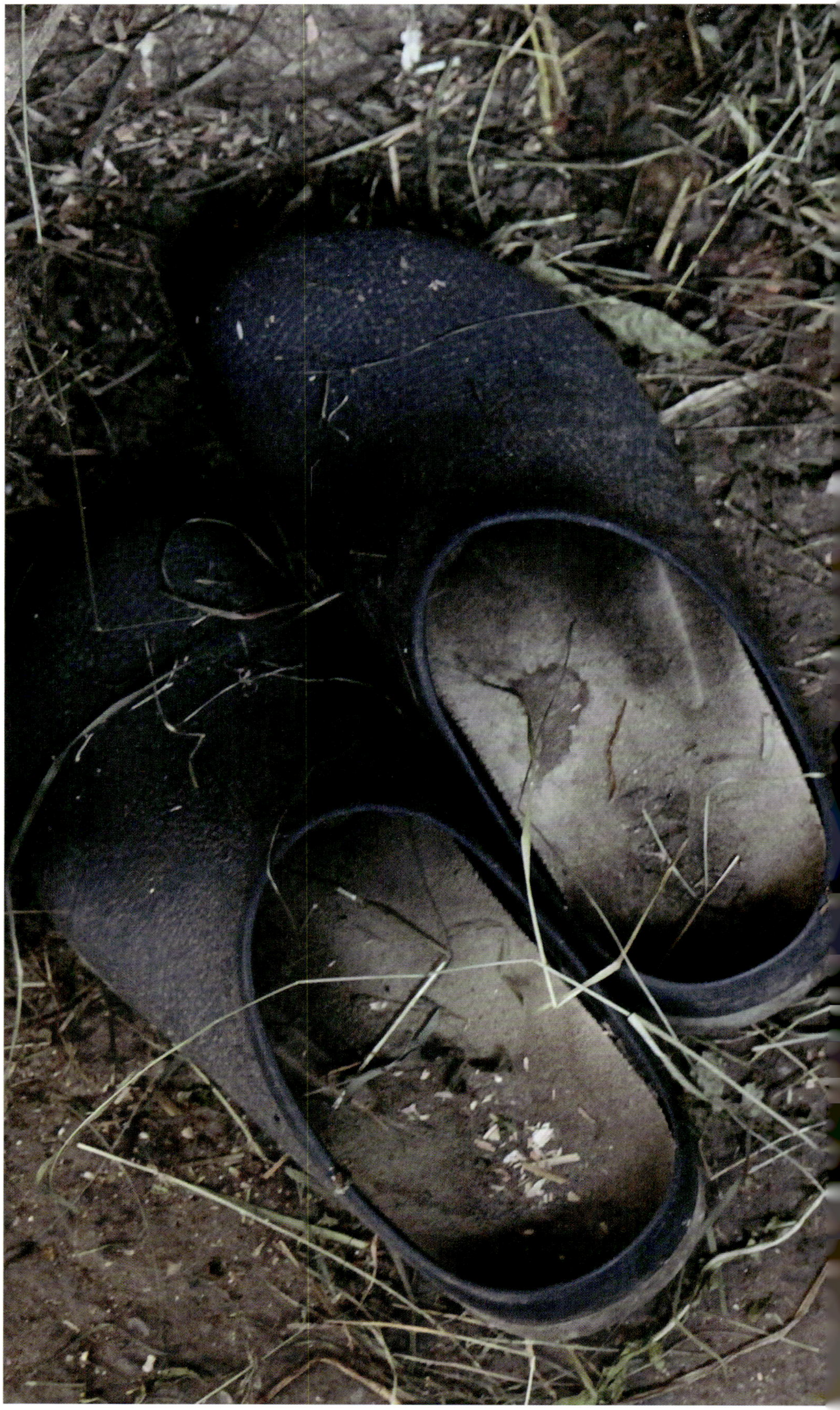

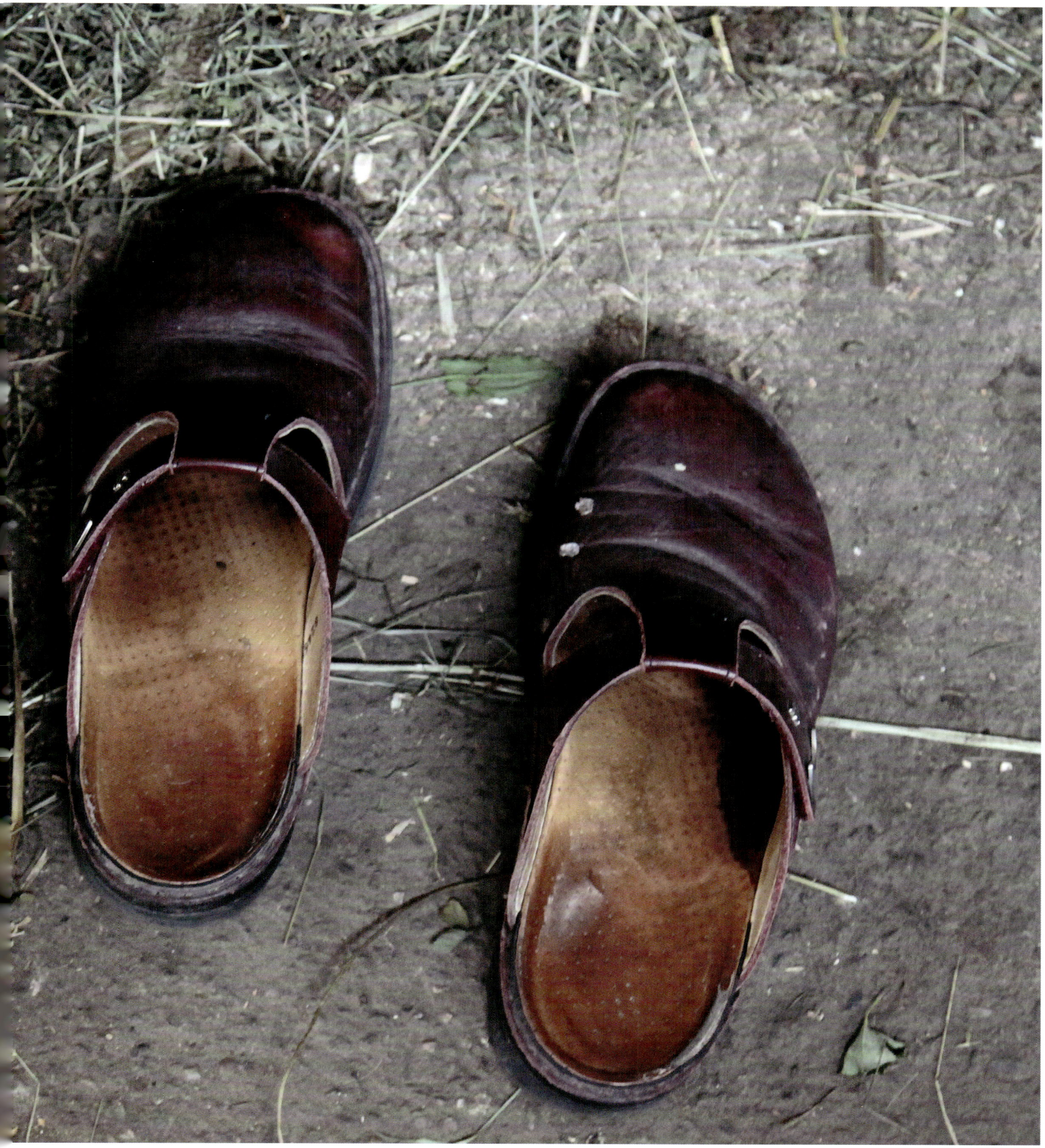

ANMERKUNGEN ZU DEN BILDERN

Kurt Kaindl

Aus Rauris

Als ich in den Jahren 1982 und 1983 als Fotograf zu den Rauriser Malertagen eingeladen war, nahm ich mir vor, ein möglichst umfangreiches und ausgewogenes Bild dieses Tales zu zeigen. Die großartige Natur- und Kulturlandschaft und die mit und in ihr lebenden Menschen sollten ebenso sichtbar werden wie die auch damals schon problematischen Seiten der Dorfentwicklung und des Tourismus. Ich arbeitete mit einer relativ großen Rollfilmkamera, die mir für eine ruhige und überlegte Beobachtung von Mensch, Natur und Kultur angemessen schien. In bewusst statischen Bildern wollte ich die Oberflächen von Holz und Stein neben Landschaften und Gebäude, und diese wiederum neben Menschen und ihre Tätigkeiten stellen. Diese einzelnen Motive schienen mir wie Ankerpunkte, zwischen denen sich das Leben des Dorfes mit seinen besonderen und alltäglichen Ereignissen entwickeln konnte. Die Bildserie war wie eine Inventur des Tales gedacht, in dem nicht nur Besonderheiten und Auffälligkeiten, sondern auch das Typische und Alltägliche seinen Platz haben sollte.

Es war eine intensive Zeit des einsamen Wanderns und des gemeinsamen Entdeckens mit anderen bildenden Künstlern, die zur gleichen Zeit dort arbeiteten; mit vielen von ihnen verbindet mich bis heute eine Freundschaft. Die Wahl der Schwarz-Weiß-Fotografie schien mir eine logische Folgerung, um eine auf das Wesentliche reduzierte und möglichst lange gültige Form zu erreichen.

Wenn ich diese Bilder heute betrachte oder sie, wie zu den Literaturtagen 2013 in Rauris, wieder ausstelle, so scheint mir, sie haben ihre ursprünglich zugedachte Funktion behalten. Immer noch lässt sich an den fotografierten Motiven die Sicht auf eine Region und ihre Menschen verankern. Vieles lässt sich auch heute noch so wiederfinden wie vor mehr als dreißig Jahren, das Leben „dazwischen" hat sich natürlich verändert. Viele der abgebildeten Menschen leben nicht mehr, die Häuser sind saniert, viel Neues ist entstanden. Doch das Land und die Berge, die alten Häuser und die Spuren der Zeit sind immer noch sichtbar, obwohl das Tal sich den Änderungen der Moderne nicht verschlossen hat. Auch das Verhalten der Menschen in ihrem Alltag ist nach wie vor vertraut. Die Fotos haben die Zeit „aufgehoben" – im doppelten Sinn dieser Wortbedeutung.

Andrea Eidenhammer

Über die Abenteuerlust.

Ich bin Rauriserin.
Je weiter weg meine Reisen mich führen, desto mehr wird mir das bewusst.
Der Ursprung und das tiefe Verwurzeltsein einerseits und andererseits die Abenteuerlust sind im Tal kein Widerspruch. Manchmal scheint es, als ob ein Funken Ignaz Rojachers in den Herzen der Rauriserinnen und Rauriser knistert und die Säumer diesen Funken über die Berge in die Welt hinausgetragen haben.

Meine Serie von Bildern ist eine Liebeserklärung an das Tal, die Menschen, ihre Direktheit. Die Lust, Neues zu wagen und Altes zu bewahren, machen Rauris so authentisch, und das spiegelt sich für mich in der Arbeit auf den Höfen wider. Höfe, die seit mehreren Generationen in der gleichen Familie sind. Die Arbeit, sie ist nicht weniger hart geworden, sondern gewachsen und vielfältiger: Almbetrieb, Gästebetrieb, Produktion von Schnaps, Speck, Käse, Medizin ... die Palette ist umfangreicher denn je. Aber das „scheickt" (schreckt) die Jungbauern nicht. Es ist eine Herausforderung, der sie sich gerne stellen. Zum Bleiben und Weitermachen braucht man Mut, und das Bewusstsein, dass beides ein Geschenk ist.

In den letzten Jahren habe ich auf insgesamt vierzehn Höfen fotografiert, den Alltag begleitet, Geschichten erzählt bekommen, durfte staunend dabei sein, beim Kasen, Schnitzen, Schindlmachen, Brotbacken, Medizinmachen, „Gaschtln", Kochen, Wäscheaufhängen ...

Den Alltag ungeschminkt und mit natürlichem Licht zu zeigen, darum ist es mir gegangen. Denn das natürliche Licht, das durch die Fenster dringt, ist noch das gleiche wie vor einigen hundert Jahren. Die Arbeit wird erledigt, gleich bei welchem Wetter. Ob bei Minus 12 Grad, Regen oder Hitze. Manchmal, so scheint es, wollen wir ein Heimatbild zeigen, bei dem immer die Sonne scheint, alles perfekt ist. Heimat ist aber vor allem eines: glaubwürdiges Leben.

Ich möchte auf diesem Wege Euch allen, die Ihr mir Eure Türen, Tore, Herzen geöffnet habt, herzlichst danken fürs Mitmachen bei diesem Buchprojekt.

KURZBIOGRAFIEN

Andrea Eidenhammer

Geb. 1981 in Schwarzach i. Pongau, aufgewachsen in Rauris. Studium der Spanischen Philologie und Medienfächerbündel in Graz, Besuch der Fotoakademie, Auslandssemester in Spanien, Master für Film in Barcelona. Seit 2007 freie Fotografin und Filmemacherin. Installationen im öffentlichen Raum. Dokumentarfilmprojekte hauptsächlich in Lateinamerika, gemeinsam mit ihrem Mann Ricardo Castillo Castro. Regie bei der Art Short Film Reihe „crossing limits", Arbeit am Drehbuch zum ersten abendfüllenden Spielfilm. Als Kuratorin für das Museum für zeitgenössische Kunst Teler de Llum betreut sie Interventionen im öffentlichen Raum mit sozialer Implikation. Autorenbuch „Partir l'age de la Tortue", Paris 2010.

Fotografie, Einzelausstellungen: „My private sight" Installation beim Internationalen Fotofestival SCAN in Spanien 2012; „crossing limits" Fotomuseum Tinglado 2, Foto/Installation/Video 2013; bester Dokumentarfilm „Im Haus der Seidenpuppen", Internationales Filmfestival REC 2010, Spanien.

Barbara Frischmuth

Geb. 1941 in Altaussee, wo sie als freischaffende Schriftstellerin wieder lebt.
Sie studierte Türkisch, Ungarisch und Orientalistik und gilt bis heute als vielfältige und engagierte Vermittlerin zwischen Orient und Okzident.
Zuletzt erschienen: „Die Schrift des Freundes", Roman (1998) und als Taschenbuch (2000), Verfilmung 2004; „Der Sommer, in dem Anna verschwunden war", Roman (2004); „Marder, Rose, Fink und Laus. Meine Garten-WG" (2007); „Vergiss Ägypten. Ein Reiseroman" (2008); „Die Kuh, der Bock, seine Geiss und ihr Liebhaber. Tiere im Hausgebrauch". Mit Grafiken von Wouter Dolk (2010); „Woher wir kommen", Roman (2012); „Der unwiderstehliche Garten. Eine Beziehungsgeschichte" (2015). Zahlreiche Kinder- und Jugendbücher, Theaterstücke, Hörspiele, Filme und Preise. Übersetzungen, vor allem aus dem Türkischen.

Karl-Markus Gauß

Geb. 1954 in Salzburg, wo er heute als Autor und Herausgeber der Zeitschrift „Literatur und Kritik" lebt. Seit 2000 hat Gauß, der als der große Grenzgänger der Epochen, Länder, Kulturen und stilistischen Genres gilt, eine Serie mit literarischen Reportagen über die kleinen Nationalitäten und Sprachgruppen Europas und eine Serie mit Journalen veröffentlicht.
Zuletzt erschienen: „Im Wald der Metropolen" (2010); „Ruhm am Nachmittag" (2012); das Kindheitsbuch „Das Erste, was ich sah" (2013) und der Sammelband „Lob der Sprache, Glück des Schreibens" (2014). Für seine Bücher, die in viele Sprachen übersetzt wurden, wurde Gauß mit zahlreichen Literaturpreisen ausgezeichnet, u.a. mit dem Johann-Heinrich-Merck-Preis der Deutschen Akademie für wSprache und Dichtung und dem „Österreichischen Kunstpreis für Literatur".

*Sein Beitrag in diesem Buch ist in gekürzter Form dem Stichwort „Heimat" aus dem Band „Europäisches Alphabet" (1997) entnommen, mit freundlicher Genehmigung des Paul Zsolnay Verlages, Wien.

Peter Gruber

Geb. 1955. Aufgewachsen auf dem Bergbauernhof der Eltern (Ennstal/Stmk). Lebt als Autor (Textwerkstätte) in Wien, im Ennstal und als Hirte am Dachstein. Bücher im Verlag Bibliothek der Provinz: „Notgasse", Roman (1998); „Schattenkreuz", Roman (2001); „Tod Am Stein", Roman (2006); Porträt eines Almlebens „Sommerschnee" mit Fotografien von Kurt Hörbst (2008).
Bücher als Privat-Edition: Texte-Sammlung „In der Heiligen Nacht reden die Tiere im Stall" (2011); „Notgasse" als Remake (2012); „Das Tagebuch des Kenneth Thomas Cichowicz" (2014);
Lyrik, Sagen, Märchen, Essays und Theaterstücke.

Ludwig Hartinger

Geb. 1952 am Steinernen Meer/Österreich. Studienaufenthalte in Algerien, Frankreich.
Seit 1985 als Lektor und Übersetzer vor allem in Mitteleuropa unterwegs (zwischen Slowenischem Karst, Pannonischem & Schwarzem Meer). Lebt als Wortlandstreicher in Salzburg, zeitweise in Ljubljana oder auf dem Karst.
Seit 1994 Hrsg. der Reihe „Ranitz Drucke" und Lektor in der Edition Thanhäuser, Ottensheim an der Donau. Direktion (zs. mit Max Blaeulich) der Tartin Editionen, Salzburg-Paris. Gutachter und Lektor für deutschsprachige Verlage. Hrsg. Srecko Kosovel in Mladinska Knjiga/Ljubljana.
Jüngste Veröffentlichung: „Die Schärfe des Halms". Aus dem dichterischen Tagebuch 2001-2012, mit Federzeichnungen von Christian Thanhäuser (2012). Übersetzungen aus dem Slowenischen und Französischen.
Tone-Pretnar-Preis 2004, Central European-Initiative-Preis 2004.

Bodo Hell

Geb. 1943 in Salzburg, lebt in Wien und am Dachstein.
Prosa (intertextuell und der Faktizität verpflichtet), Radio, Theater, Schrift im öffentlichen Raum, Text-Musik-Performances, Essays zur bildenden Kunst, Fotos, Film, Ausstellungen, Almwirtschaft.
Bücher zuletzt: „Nothelfer", Literaturverlag Droschl (2010);
„Immergrün Sudarium/Calendarium" (mit Linda Wolfsgruber), folioverlag (2011);
„Nachsuche 3" Erzählungen (mit Ingrid Schreyer) editionkrill (2012);
„Untersberg Geschichten Grenzgänge Gangsteige" (mit Walter Seitter, Elsbeth Wallnöfer, Peter M. Kubelka), Anton Pustet Verlag (2012);
„BODO HELL OMNIBUS", exemplarische Texte und Kommentare, Literaturverlag Droschl (2013, darin auch die Route 666);
„Im Flug der Tage", Texte von Bodo Hell zu Tageszeichnungen von Linde Waber, 199 nummerierte Exemplare, Künstlerfabrikat N°1 im Mandelbaum Verlag (2013);
„Landschaft mit Verstoßung", Klangbuch mit Friederike Mayröcker und Martin Leitner, Mandelbaum (2014).

Kurt Kaindl

Geb. 1954, Studium der Germanistik und Kommunikationswissenschaft, Mitbegründer der Galerie Fotohof in Salzburg. Publikation von Monographien und Kurator monographischer Ausstellungen (Fritz Macho, Inge Morath, Karl-Heinrich Waggerl, Stefan Kruckenhauser, Gerti Deutsch u.a.). Umfangreiche Lehrtätigkeit im In- und Ausland zur Fotografie und Kommunikationstheorie. Lebt in Salzburg.

Seine fotokünstlerische Arbeit umfasst vor allem die Darstellung historischer Lebensräume und Kulturtechniken („Aus Rauris", „Wurzmühle", „Abfischen").

Seit 1999 in Zusammenarbeit mit dem Schriftsteller Karl-Markus Gauß das Projekt „Die unbekannten Europäer" über Minderheiten in Europa und seit 2008 das Projekt „Reisen im Niemandsland" über den ehemaligen Eisernen Vorhang. Diese Projekte sind in gleichnamigen Büchern und Ausstellungen veröffentlicht.

Thomas Lehr

Geb. 1957 in Speyer, lebt seit 1979 in Berlin. Studierte Biochemie / Naturwissenschaften an der Freien Universität Berlin. Seit 1999 freier Schriftsteller. Rauriser Literaturpreis 1994 für das Roman-Debüt „Zweiwasser".

Veröffentlichte zuletzt die Romane „Nabokovs Katze" (2009), „42" (2005) und „Tixi Tigerhai und das Geheimnis der Osterinsel" (Roman für Kinder, 2008).

Im Carl Hanser Verlag, München, erschienen: „September. Fata Morgana" (2010) und der Aphorismenband „Größenwahn passt in die kleinste Hütte" (2012). Fast alle Bücher von Thomas Lehr sind auch als Taschenbuch erhältlich. Zahlreiche Auszeichnungen, zuletzt Berliner Literaturpreis 2011, Stadtschreiber von Bergen-Enkheim 2011, Marie-Luise-Kaschnitz-Preis 2012.

Mitglied des Deutschen P.E.N. und der Berliner Akademie der Künste.

Ingrid Loitfellner-Moser

Geb. 1973 in Amstetten, aufgewachsen in Nöchling in Niederösterreich im südlichen Waldviertel. Seit einem Almsommer auf der Litzlhofalm im Rauriser Seidlwinkltal zunächst in Salzburg und dann in Rauris wohnhaft, verheiratet, 3 Kinder. Bäuerin auf dem Steinbachhof in Rauris.

Ausbildungen: Kindergarten-, Montessori- und Motopädagogin, beruflich in der Frühförderung und Familienbegleitung der Lebenshilfe Salzburg tätig: Entwicklungsförderung von Kindern mit Behinderung, Entwicklungsverzögerung oder Entwicklungsrisiko.

2006: Rauriser Förderungspreis für den unveröffentlichten Text „Tabak";

2010: Preis der Katholischen Erwachsenenbildung Österreichs für das Projekt „Bild.Sprache".

Dominik Mayer

Geb. 1976 in Salzburg, aufgewachsen in Rauris. Lebt und arbeitet heute in Salzburg. Nach seinem Design-Studium in Innsbruck und ersten Agenturerfahrungen gründete er 2007 in Salzburg die Kommunikationsagentur INSPIRANTO, die mittlerweile zu einer international agierenden Fullservice Agentur herangewachsen ist. 2013 folgte die Gründung des IT Startups EXTRA BOOKING.

Mayer ist zudem Designer und Stratege, Komponist, Sänger und Musikproduzent und gilt als kreatives Multitalent. Nicht zuletzt formte er die Idee, das Konzept und die Art Direction zu diesem Buch mit Andrea Eidenhammer, Brita Steinwendtner und Kurt Kaindl.

Walter Müller

Geb. 1950 in Salzburg; Kulturredakteur, Dramaturg, seit 35 Jahren freier Schriftsteller, seit einigen Jahren auch Abschieds- bzw. Trauerredner.
16 Bücher – etwa die Romane „Die Häuser meines Vaters", „Schräge Vögel" „Kleine Schritte", der Krimi „Aus. Amen!" und „Wenn es einen Himmel gibt – 23 Trauerreden". Zwei Dutzend Theaterstücke, zahlreiche Reden, Essays, Dutzende Coupletstrophen für Helmuth Lohner, Fritz Muliar etc.; Kinderlieder-CDs. Silbernes und Goldenes Stadtsiegel der Stadt Salzburg; Ingeborg-Bachmann-Förderungspreis, zweimal Rauriser Förderungspreis (für Prosa und für Jugendtheater); zweiter Rauriser Marktschreiber 1990 bis 1997, als dessen Ergebnis er 1997 das „Rauriser Haus- und Lesebuch" publizierte (Verlag Tauriska).

Katja Oskamp

Geb. 1970 in Leipzig. 1989–1994 Studium der Theaterwissenschaft in Leipzig und Berlin, 1994–1999 Dramaturgin am Volkstheater Rostock, 1999–2002 Studium am Deutschen Literaturinstitut Leipzig
Veröffentlichungen:
2003 „Halbschwimmer", Erzählungen, Ammann Verlag, Zürich, ausgezeichnet mit dem Rauriser Literaturpreis 2004 für das beste Prosa-Debüt in deutscher Sprache. (Die Vornamen der Jury-Mitglieder in Oskamps Rede beziehen sich auf die Juroren des Preises 2004: Konstanze Fliedl, Roman Bucheli und Hubert Winkels).
2007 „Die Staubfängerin", Roman, Amman Verlag, Zürich
2010 „Hellersdorfer Perle", Roman, Eichborn Verlag, Frankfurt a.M.
2012 wöchentliche Kolumne für die Basler Zeitung

Brita Steinwendtner

Geb. 1942 in Wels, Studium der Geschichte, Germanistik und Philosophie in Wien und Paris.
Freie Mitarbeiterin des ORF und ausländischer Rundfunkanstalten. Zahlreiche Hörfunkportraits über internationale Autorinnen und Autoren sowie TV-Filme u.a. über Ilse Aichinger, H.C. Artmann, Peter Handke, Julian Schutting, Günter Grass, Christian Ludwig Attersee, Theodor Kramer, Ernst Jandl, Wolfgang Hildesheimer. Lehrtätigkeit an den Universitäten von Salzburg, Klagenfurt und St. Louis/ Missouri.
1990 bis 2012 Leiterin der Rauriser Literaturtage. Lebt in Salzburg.
Veröffentlichungen zuletzt: „Im Bernstein", Roman (2005); „Jeder Ort hat seinen Traum. Dichterlandschaften" (2007); „Du Engel Du Teufel. Emmy Haesele und Alfred Kubin. Eine Liebesgeschichte" (2009); „Mittagsvorsatz/Noon Resolution, Gedichte/Poems", übersetzt von Herbert Kuhner (2011);
„An diesem einen Punkt der Welt", Roman (2014), alle im Haymon Verlag.

BILDNACHWEIS

Andrea Eidenhammer
    Seite 30: GRUBHOHNER
    Seite 32: GRUBHOHNER
    Seite 33: BRUNNER
    Seite 34-35: GRUBHOHNER
    Seite 36-37: BRUNNER
    Seite 42-47: KARLING
    Seite 48-49: HOISN
    Seite 56-61: HEUSTADL
    Seite 62-63: HOCHBERG
    Seite 90-97: SCHÜTT
    Seite 98-103: LACKNER
    Seite 101 unten rechts: SCHÜTT-KAPELLE
    Seite 110-113: PETERL
    Seite 114-121: MÜHLWAND
    Seite 128-130: STEINBACH
    Seite 131-133: KROTTMOOS
    Seite 134-139: STACHERL
    Seite 147: BRUNNER

Kurt Kaindl
    Seite 10: KOLM SAIGURN
    Seite 12-14: HÜTTEGG, BUCHEBEN
    Seite 15: RIEGEL EINER STALLTÜR
    Seite 16: TÜRGRIFF, SEIDLWINKLTAL
    Seite 17-18: WÖRTH
    Seite 19-21: AUF DEM DORFPLATZ VON RAURIS
    Seite 22: KOLM-SAIGURN
    Seite 23: RAURIS
    Seite 24: RAURISERTAL
    Seite 25: DORFPLATZ RAURIS
    Seite 67-68: BUCHEBEN
    Seite 69: FRÖSTLBERG
    Seite 70-71: RANGGELN, WÖRTH
    Seite 72: WÖRTH
    Seite 73: RAURIS
    Seite 74-75: BUCHEBEN
    Seite 76-79: SCHLACHTEN, BUCHEBEN
    Seite 80: KÜCHE AUF DER FEDERER ALM
    Seite 81: SENNERIN, FEDERER ALM

IMPRESSUM

TAURISKA Verlag
© 2015 by Verlag TAURISKA, www.tauriska.at

Eigentümer und Verleger: Verlag TAURISKA Kammerlanderstall,
5741 Neukirchen am Großvenediger, Susanna Vötter-Dankl, Christian Vötter
Herausgeberin: Brita Steinwendtner
Konzept und Gestaltung: Dominik Mayer, INSPIRANTO | www.inspiranto.com
Fotos: © Andrea Eidenhammer, (c) Bildrecht/ Kurt Kaindl
Lektorat: Helga Mitterhumer
Druck: Samson Druck GmbH, St. Margarethen/Lungau
Umschlaggestaltung: Dominik Mayer, INSPIRANTO.com, unter Verwendung einer Fotografie von © Andrea Eidenhammer (Titelseite)

Alle Rechte vorbehalten. Kein Teil des Werkes darf in irgendeiner Form (Druck, Fotokopie, Mikrofilm oder in einem anderen Verfahren) ohne schriftliche Genehmigung des Verlages reproduziert oder unter Verwendung elektronischer Systeme verarbeitet, vervielfältigt oder verbreitet werden.

ISBN 978-3-901257-47-6

Wir danken für die freundliche Unterstützung: